CREATING TOMORROW'S SCHOOLS TODAY
EDUCATION · OUR CHILDREN · THEIR FUTURE
RICHARD GERVER
SECOND EDITION

今天创造明天的学校

教育、孩子与他们的未来

第二版

[英]理查德·杰弗 / 著

李春晖 / 译

上海教育出版社
SHANGHAI EDUCATIONAL
PUBLISHING HOUSE

致　谢

Acknowledgements

诚挚的爱与谢意，献给我的家人以及指引我找到未来的人。

真诚地感谢曾经鼓励我、信任我的人。感谢指引过我的人，感谢我教过的孩子以及教育过我的人。感谢帮助我学习教育技能以及儿童发展这门复杂学问的专家。

特别要感谢肯·罗宾逊（Ken Robinson）爵士，他是我的导师、朋友与启迪者；感谢布兰登·巴恩斯（Brandon Barns）以及他的商业演讲团队；感谢莫妮卡·阿邦甘（Monica Abongan）以及她在华盛顿的演讲团队。感谢所有在全球各地以及在我的职业生涯中我有幸遇到的老师、学校领导以及热情的教育者；当然，更不能忘了使我专注于真正重要的东西的年轻人。

我想感谢每一位为了我们孩子的未来勇敢地去做正确的事情的政治家和决策者。

感谢布鲁姆斯伯里出版社（Bloomsbury Publishing Plc.），尤其是霍利·加德纳（Holly Gardner）先生，在他的说服下，我决定出这本书的第二版。

感谢戴维·德鲁·斯迈思（David Drew Smythe）先生（愿他安息），他是我遇到的最棒的教师。

最后，特别感谢朗伊顿镇（Long Eaton）格兰奇小学（Grange Primary School）非凡的孩子、学校同事和董事以及学生家长，正是他们的行动、创造力和承诺，催生了这本书。

序

Preface

正如 H. G. 威尔斯(H. G. Wells)曾经说过的，文明是教育和灾难之间的一场竞赛。教育要取胜，就迫切需要在学校进行变革。世界上大多数的教育体系正经历变革，但这些变革还远远不够，事实上，我们需要对公众教育的基本原则和过程进行彻彻底底的改造。我本人的工作一直是关于教育转型的，这也正是理查德·杰弗(Richard Gerver)这本著作所要讨论的。

作为一个物种，或者说作为一个星球，我们面临的挑战是人类历史上前所未有的。这部分是因为人口的迅速增长以及人类的贪得无厌给自然资源带来了沉重压力，同时也与不断加速的科技创新和人类文化之间不可预知的相互影响有一定的关系。许多挑战是工业革命导致的全球性动荡的直接产物，多年以来，这些挑战一直困扰着我们所有人。我们这一代人和我们教育的这一代人需要立即应对这些挑战。问题是，我们所采用的，或者说正在努力用来应对这些挑战的主流教育体系，正是根植于从一开始就制造了这些问题的工业主义，因此，尝试使这些体系更加高效当然是无效的。准确地说，我们需要一个全新的教育模式。

教育的产业体系基本上是模式化的。它强调课程设置、教学方法和标准化评估的一致性，并且在很多情况下，国家教育体系的问责制把学生当作原材料，把数据当作成果，由此产生严重的浪费便是不可避免的。我知道这样说可能有失偏颇，但大多数情况下，事实就是如此。看看极高的学生辍学率和逃学率，教师特别是中学教师奇高的离职率，以及越来越多的学生不得不借助医疗手段完成学业的现状，你就可以对这一严重浪费有一个大致的认识。

教育应该彻彻底底是个人化的，这应该是无可辩驳的，但是现今这些模式化的教育体系恰恰忽略了这一点。我无法想象在任何地方，有一个孩子早上一起床就在思考他/她可以怎么做来提高阅读成绩。如果他们很投入，有兴趣，并且有内在的驱动力，那他们必然能学有所成，反之，他们就无法投入学习，且拒绝接受知识。这是永恒的真理，并且，在当下解读这个道理变得愈发重要。如今，年轻人生活在人类历史上一个信息驱动的时代，人与人之间的联系从未像此刻这样紧密。在条件适合的情况下，年轻人对技术和网络的快速适应和求知欲展示出他们对学习有着无比的渴望。创造这些条件，意味着此时此刻我们需要为每所学校及每个社区的学生、教师、职员和家长定制教育。创造性地思考如何个性化教育和定制教育正是本书真正关心的。

现今，教育有四个主要功能。第一个功能是个人的。所有的孩子都有着与生俱来的巨大的想象力和好奇心，这是人类不可或缺的特质。除去他们的共同点，所有的孩子都有自己独特的才智、性格和潜在的激情。教育的目标之一，就是帮助培养每一个学生的独特能力。第二个功能是文化的。教育应该培养孩子的文化认同和包容的品质，有了这种品质，就可以理解自己和他人所在社区取得的成就和传统。第三个功能是经济的。让所有学生实现财务独立，并用符合道德标准和可持续的方式为人类财富的创造作出贡献。第四个功能是社会的。一所好学校往往以强大的社区为后援。学校必须通过推广式的活动，与成年人合作，与家长、家庭建立伙伴关系，帮助学生树立参加社区实践的意识与责任感。

读完本书,你会发现理查德·杰弗是一个非同寻常的教育工作者,他在学校所做的工作表明,其教育个性化和定制化的理念不是停留在理论阶段。本书会向你展示最好的方法,同时我也相信,这是展现所有学生的才华,并帮助他们应对真正挑战的唯一且最实用的方法。本书分为两部分。在第一部分,作者阐述了自己对21世纪最初几年不断推动教育变革的各方力量的观点。在此背景下,作者在第二部分描述了自己如何和员工一起将一所挣扎在失败边缘的学校成功转型,并且亲眼见证这所学校在短短几年内从被忽视并深陷绝望走向成功,并赢得国际赞誉。

理查德·杰弗的所言所行其实是基于其内心的积极信念,他相信年轻一代会将那些伟大的品质带入学校。毫无疑问,对我来说,这位天性乐观的教育者很有可能是一位"关键人士",因为他作为任课教师和学校校长取得了巨大的成功。他对格兰奇小学的成功改造是一个非常引人瞩目的例子,证明了个性化教育和定制教育的原则是如何在实践中发挥作用,给孩子、教师、家长、学校以及更大范围的社区带来巨大裨益的。这些原则也正是最为重要的东西。

每所学校的情况不尽相同,每一个孩子都是独一无二的。因此,没有哪一种教育模式可以在任何地方都发挥其最佳作用,这也正是本书一直坚持的观点。教育工作者的任务就是将这些原则创造性地用于自己的社区,并寻找什么才是此时此地最有效的教育。这是教育中唯一能够也是唯一发挥过作用的方法。本书介绍了理查德·杰弗作为一名校长带领一所学校走过的历程,他以第一手资料,用充满热情的阐述方式向我们展示了这种原则为何以及如何发挥作用。

肯·罗宾逊(Ken Robinson)爵士

目 录

Contents

前言 / 001

第一部分 挑战 / 001

1　我们的孩子，他们的未来 / 003

2　未来的英国公民 / 013

3　学校营销 / 024

4　鼓励犯错误者 / 033

5　学校为谁而设？ / 043

6　我们应该教什么？ / 055

7　学习真正重要的东西 / 065

8　结束流水线式的教育 / 074

9　为了孩子们的未来？ / 083

10　让学校成为下一个"必需品" / 090

11　学校不仅仅是学校 / 098

12　路在何方？ / 104

第二部分 教育的可能性 / 115

13　绘制蓝图 / 117

14　培养全才 / 127

15　打破传统的学科框架 / 135

16　格兰奇项目 / 149

17　让课程适应孩子的天性 / 159

18　进入未知的领域 / 165

参考文献 / 174

后记　走向未来 / 178

前　言

Foreword

2007年的夏天,我坐在父母家的阳台上俯瞰阿劳林村(Alhaurin El Grande)——一个远离喧嚣,极为美丽的地方。这里是他们退休后养老的地方,位于西班牙南部的山丘上。这个夏天对我来说非常重要,我已经递交申请,开始我离开格兰奇小学之前最后一个学期的教学工作,也是为了今后我能去过自己想要的生活,去开始新的探索。我很高兴住在那里,因为我和家人在一起。这的确非常有趣,尤其是当一切还是未知数的时候,人总是更希望和自己所爱的人在一起,即便已经成年,也希望陪伴在旁的是自己的妈妈!

正是在那个充满田园诗般意境的地方,我写下了这本书第一版的草稿。写到这里的时候,我还能感受到那个地方的温暖,地中海动植物的气味和我的情绪:一种混合了激动、悲伤、恐惧和骄傲的复杂情绪。这真的非常有趣。那年夏天,我还没有写一本书的决心,仅仅是想记录我的想法以及在格兰奇小学令人难以置信的经历。我想在我离开那里之前将这些记录下来,因为这一切是如此真实和鲜活。这本书并未准备出版,直到2010年,我开始拥有新的生活之后,这本书才有机会与读者见面。在过去的几年里,为了写这本书,我去了一些地方,见了一些人,而当我坐在父母家那被叶子和藤蔓围绕的白色阳台上时,我怎么也不会想到这些。人们对我的想法、我的热情和神奇的格兰奇社区的人们创造出的非凡故事反应异常热烈,这让我深感不安!

当然,这些激动人心的日子过后,全国乃至世界都开始将目光转向我,转向格兰奇小学,所以,当我的组稿编辑布鲁姆斯伯里出版社(Bloomsburry Publishing Plc.)的霍利·加德纳(Holly Gardner)问我是否考虑修订这本书的时候,我欣然接受并抓住了这个机会。

这本书就这样诞生了。它的内容并不是全新的,因为本书的大部分内容与前一版仍然是相关的——格兰奇小学的故事永远留存——但我的确想重新反思我的经历是怎样推动我的思想的,并重新审视全球教育潮流发生了怎样的转变。

当然,在英国,人们重新开始关注更传统的方式,以迎合各种数据统计,比如经济合作与发展组织的国际学生评估项目(PISA)的表格。教学机构和政府之间的巨大争议日益凸显,由此,我觉得人们要求变革的意愿比过去强烈。学校的创建和管理在整体框架和引导方式上都发生了剧烈变化。因此,我发现年轻人的实际需求和权利一直都是我们讨论的核心。讽刺的是,这正是格兰奇小学在几年前开始这段旅程之后一直在为之挣扎的部分原因,并且可悲的是,在目前的政治局势下,我们仍然在挣扎。

多年来,我了解到,几乎每一个我曾经访问过的国家都经历着相似的挑战,我们现在紧密联系的程度是我们从未想到的。不只是教育界在苦苦挣扎,企业和企业界也正在努力重新校准思考和行事的方式,且苦苦思索是应该回归传统还是进行改变,采用一个能够适应不断逼近的22世纪的全新模式。

世界一直处在制定反应政策和搜索最佳解决方案的恶性循环中,因为我们想努力找到解决方案,以重新获得一切尽在掌控之中的感觉。为了抢头条新闻,决策者不断推出新的想法,为了让选民们相信他们知道要做些什么以及如何做,而其他利益相关者对这些正在发生的势在必行的改变牢骚满腹。很多时候,我们发现自己在争斗、绝望和尖酸刻薄的氛围中越陷越深。我们迫切需要呼吸新鲜的空气,重新校准我们的方向。我们要记住,如果我们能够基于孩子的需要找到一个明确的、建设性的共同目标,就可以摆脱当前的困境。

带着这些想法,我对本书进行了修订,以反映当前的局势,并将我的所见所闻告诉大家,因为这些经历使我比以往任何时候都更确定,当我们创造未来的学校时,我们需要这样做,以让我们的孩子为他们的未来做好准备,而且最重要的是,我们需要立刻开始。

格兰奇小学转变了教学方式

第一部分

挑 战

1 我们的孩子,他们的未来

> 我们的工作不是管理一个教育体系,培养依附于我们的世界的孩子,而是创建一个体系,让孩子释放自我,去追寻自己的世界。

你能否列出一个清单,清单上有那些现在存在,但在20年或30年前,当我们自己还是孩子的时候闻所未闻的东西?这项工作将是漫长的。这份清单可能不仅包括技术,还有电视节目、音乐、书籍、全世界的订单、文化交流、工作模式。如果我们将范围再推移扩大到我们的父辈和祖父母辈,那这份清单就将几乎是无穷无尽的。世界每一秒甚至"每一纳米秒"(这是一个较新的术语)都在变化。我已经开始创建我自己的清单了。

在我写下这句话的时候,新的发明创造已经开始在改变我们生活的世界。30年前,我们中间有多少人能预测互联网会对我们的生活产生如此巨大的影响?谁预见到一台移动电话的计算能力会比用于管理阿波罗太空任务的计算机更加强大?谁会知道像色拉布(Snapchat)和推特(Twitter)这类创新事物会彻底改变我们和孩子沟通的方式?最近我发现一篇过去的文章,它描述了人类世界变革的进程以及我们所欠缺的对之进行调整的能力。这篇发表在1949年美国杂志《大众机械》(*Popular Mechanics*)上的头条文章宣称:毫不夸张地说,未来计算机的重量可能不到1.5吨。

从维多利亚时代第一个大规模的教育体系到今天,教育体系本身及其背后的思维方式变化并不显著,因此,在许多方面,学校教育与时代的需求日益格格不入。教育和大众教育的理念必然是为我们的孩子在将来能够拥有成功的生活以及作为成年公民做好准备。作为家长,我希望我的孩子生活愉快,收获良多,并能为世界作出积极的贡献。我希望他们的学校能让他们为未来的挑战做好准备,并帮助他们开发一些技能和做法,以确保他们在21世纪中期乃至更远的未来成为赢家。

为了成功地应对这些挑战,学校需要对自己的角色和未来的需求模式有清楚的理解。这当然令人望而生畏。我们不可能在50年前就像上述《大众机械》杂志的那篇文章所展示的那样对未来做出预测。对比我们现在生活的世界和我们的孩子生活的世界,变化之剧烈程度,即便不大于我们或我们的父辈生活的世界,至少也与之相当。

那么我们到底该做些什么,才能让我们的孩子为一个尚不存在的世界做好准备?一类人据理力争,并且几百年来他们一直坚持认

培养必要的IT技能

为，我们应该注重确定的东西，即应该继续完善制度，就像一直以来所做的那样。我们生活在一个经常会让人想起我们的过去，并寻求安慰和稳定的世界，无论我们生于何时，长于何时，过去的美好时光一直在那里。在我们的学习体系里，有很多东西对确保我们人生旅途的成功非常重要，但发现这些东西与什么在一起能产生合力，适用于哪里，才是真正的困难所在。

对于未来的某些事情和我们生活的改变方式，我们的确还是了解的。重要的是，多数变化都集中在工作和工作模式上。例如，世界的金融格局已发生变化，并正在进一步转变，这反映在2008年底的一些事件中，此时全球金融危机开始对我们所有人产生深远的影响，这些问题也对我们的工作领域产生了深远的影响。

亚洲大陆已成为世界制造业基地，而且也将掌握世界未来就业模式的关键。几年前，中国重新设计了教育体系，开发了新的"国家课程"，以期培养有更高专注度和生产率，并拥有更先进技术的员工，以刺激工业增长。中国的教育体系目标清晰，专注度高，类似于19世纪后期促进我们大众教育巨大发展的那个体系，它取得了令人难以置信的成功。正如2013年经济合作与发展组织的PISA测试成绩所展示的，中国的重要城市（上海）甚至占据了测试成绩榜单的榜首位置。然而，即使在中国以及其他亚洲学术强国如新加坡和韩国，人们也越来越清晰地认识到，要想实现下一阶段的经济发展，就必须尽快摒弃那些僵化的教育体系。

经济合作与发展组织2013年11月发布的《技能展望报告》(The Skills Outlook Report)强调了技术革命对我们的生活产生的影响，报告中描述了我们如何沟通、购物、旅游和生活。此外，报告还指出：

> 这些社会和经济的转型反过来也改变了我们对技术的需求。随着制造业和其他低技能任务自动化程度的日益加深，人

们对常规认知和技术技能的需求也在逐步下降,然而,对信息处理技能和其他高层次的认知能力以及人际关系的应对技巧的需求是在逐步上升的。除了掌握特定的职业技能,21世纪的工人们还必须拥有信息处理技能和各种"通用"技能,包括人际沟通能力、自我管理能力和学习能力,以应对快速变化的劳动力市场。

最初,英国的大部分正规教育都与教会有关联。学校教育是非常局限的,且大部分是面向富人的私人机构。随着1870年的《初等教育法》(Forster Elementary Education Act)(也称《福斯特教育法》)的面世,这一状况得到了改变。法律规定了义务教育年限,学校开始面向绝大多数5—10岁的孩子招生。1880年的法案坚持义务教育,并要求任何13岁以下的受雇儿童必须拥有资格证书,以证明他们达到了教育的标准。随后的一系列做法催生了1918年的《费舍教育法》(Fisher Act),该法案将义务教育的年限延长至14岁。随着教育体系在20世纪前半叶的演变,教育开始专注于培养孩子适应不断发展的工作领域中的新角色,因为英国已经开始从一个以农业为核心的国家向以工业为核心的国家转变。根据1944年的《巴特勒教育法案》(Butler Education Act),一个教育体系正在成型,这是我们大多数人在孩童时期所体验的教育体系的雏形。它规定了中小学教育的分工,并且意义非凡地确立了三方制度,为那些在学术上有天赋的孩子建立了文法学校,为那些没有通过升学考试的孩子准备了技术学校和稍低层次的文化课学校。

从一开始,1944年的法案就引起了争议,一方面,有人指责其推行精英主义教育,另一方面,有人认为它使得来自社会各阶层的年轻人有机会享受优良的文化教育,而在这之前,这一直是富人所独有的特权。时至今日,在许多方面,1944年的法案还引发了众多争议,同时也的确阻碍了我们的教育体系的发展。这点我会在书中再次涉及。但重要的是，我们需要认识到，将教育割裂开来并将孩子分成两个群体，的确会对我们国家在工业革命时期的发展以及确立我们工业的统治地位产生重大影响，今天的中国也确实在这样做。维多利亚时代诞生的教育制度和《巴特勒教育法案》高度关注当时社会的需求，培养了两类未来员工——白领员工和蓝领员工，这一方面为商业和职业发展提供了充足的劳动力，另一方面也有利于工业发展。同时，随着剑桥大学和牛津大学的崛起，它也保证了我们的教育体系可以继续推崇自12世纪就创建的学术和研究传统。几个世纪以来，教育发展很慢，但是在一定程度上反映了社会的需求。许多代人，尤其是"二战"后的几代人中的相当一部分人认为，教育在学术上太过专注，太狭窄，转变太慢，无法对其所服务的世界的变化作出反应。正是在这一时刻，我们需要开始改变——审视目前以及未来学校之外的世界：青年人的失业率在令人不安地上升，全球公民身份和就业机会发生了根本变化，高等教育的面貌和成本不断改变，退休年龄在推后，当然还有工作当中对年轻人提出的全新要求。

等那些现在开始上学的孩子到了退休年龄，他们将会在超过18—25个不同的机构或公司工作过，相比而言，那些现在就要退休的人可能只在4—5个地方工作过。究其原因，是因为公司将不再寻求那些忠诚投入的员工，这些员工一辈子在不断地接受培训和管理，随着企业一起成长，不管是生意好的时候还是不好的时候。随着公司的计划和需求的不断变化，公司会倾向于与越来越多的人签订短期合同，努力发展公司规划当中的关键领域，然后继续前进。有趣的是，我们需要指出，根据英国高等教育统计局（Higher Education Statistics Agency，简称HESA）的数据，2012年，英国10%的高校毕业生在拿到学位证书之后的六个月后仍然处于失业状态。而即便在已经就业的人员中，也有三分之一的人是在没有学位要求的部门工作。这些信息有助于我们了解挑战的本质。

我们孩子的世界将比我们身处的世界更加具有不确定性。全球化和通信的快速发展意味着世界将会变得越来越碎片化，去个性化，去中心化。这可能让我们充满恐惧。我们中的许多人可能会绝望，并拼命地想要回到往日的好时光当中去，希望我们能够扭转这些趋势。事实上，这是不可能的。在许多方面，未来看起来如此残酷，因为它是一个我们没有准备好的世界，一个会让我们不舒服的世界。它不一定更糟，但它非常不同，这令人不安。重要的是，我们的孩子需要在这个世界感到舒适，并且准备好了自己主导自己的生活。它必须是一个他们觉得自己能够拥有的世界，他们有权茁壮成长。

看到越来越多的人将目光转向更广阔的世界，开始意识到明天的挑战，这是一件很棒的事情。2006年，一位来自美国丹佛阿拉帕霍中学(Arapahoe High School)的科技教师用幻灯片做了一个演讲，以引发学校的教职员工开展关于我们的孩子成年之后将生活在一个怎样的世界的辩论。他的名字叫卡尔·菲什(Karl Fisch)。他的演讲超级火爆，到2007年底，在YouTube等视频网站上的浏览量已经达到500万。现在这个演讲已被更新和复制，并扩散到世界各地，观看量无数，特别是在学校教职员工会议上被广泛观看；与此类似的TED(Technology，Entertainment，Design)和TEDx也呈爆发式发展，网民可以自由观看网站上那些成功而且煽情的演讲，这催生了一代超级演讲巨星，甚至像肯·罗宾逊爵士这样的巨星。这一点让我们看到了现在，更隐射出一个未来：一种思想和观点可以在几秒钟内分享到全球各地，各种观点可以在几个小时内成为广为关注的国际议题。

那么，我们的孩子需要成为怎样的人呢？他们最需要的，就是高度自信。他们需要极强的适应能力，学会利用他们天生的创造力，了解自身的优缺点。他们越来越需要在情感和智力上有自我意识，并且快速、有效甚至"虚拟"地建立关系。许多人说创业精神对年轻人来说至关重要,这不仅关系到个人的成功,更关系到我们未来经济的稳定。当我试图去了解这些技能和能力的时候,我发现自己极度缺乏这些技能和能力。我想知道,比如说,我们当中有多少人足够自信,敢与他人分享我们自身的不足?或者说得更有挑战一点,有多少人了解如何调度我们的劣势,而非简单地将它们隐藏在身后,以达到最佳效果?

关键问题是,在当前形势下,我们的教育体系是否真的在寻求培养这些"软"技能?它能够让我们的孩子做好迎接未来挑战的准备吗?

在过去的几年中,我有过一些很好的机会去访问一些国家,探索他们的教育发展。在这些国家中,有一个国家令我印象尤其深刻。在2012年夏末,我受邀访问哥伦比亚第二大城市麦德林,它是臭名昭著的毒贩头子埃斯科瓦尔(Pablo Emilio Escobar Gavíria)的老家。然而,自从1993年他去世之后,这座城市开始寻求展现新的面貌,努力成为一座致力于新的商业增长和发展的国际化枢纽城市,一座致力于将各个社区汇聚在一起的城市。在这之前,这些社区由于埃斯科瓦尔所推行的恐怖文化,一直处于分裂和冲突中。和许多发展中国家的城市一样,这里贫富差距巨大,是一座努力想要重塑自己的城市。要做到这一点,需要真正地把人民团结在一起,通过教育给最弱势群体以权利。我必须承认,我几年前访问期间看到的景象是激动人心的。首先,他们投资数百万美元建造了一辆缆车,使得居住在贫困的山顶社区里的人可以快速方便地进入市中心,这意味着旅程将仅仅花费几分钟而不是几个小时。其次,他们耗巨资在这些社区创办学校,并且,得益于来自诸如西班牙电信基金等机构的资金支持,他们能够使用一些新技术来鼓励和支持那些本可能辍学的众多年轻人。

当我访问麦德林的一所学校时，我看到一类课程：通过教授学生们如何设计和建立网站，使他们能够与外界分享他们的兴趣和问题。一组15—16岁的学生的课堂出勤率非常高，这是非常有意义的交流。以网络为手段，帮助那些学生学习读写和算术，明确自己学习的目的。他们建立的网站会定期在市中心做展示，帮助这些年轻人找到自己存在的价值、目的和与他人的联系。孩子们能够见证他们想与世界分享的东西，以及他们如何利用悲惨遭遇来使他人的世界更加美好，这真的既让人觉得不同凡响，又羞愧不已。例如，一个年轻女子正在建设一个网站，谈论未成年人性行为对情感的影响，而一名年轻男士正致力于建立一个网站，提供如何应对吸毒成瘾的父母的建议。结果不只是局限于当下的现实，城市的未来愿景已经对最年轻和最弱势群体产生了巨大的影响。除此之外，高高地坐落于城市北部山丘的西班牙图书馆有着极富韵味的建筑美学，它被特意建造成两个传统帮派领土之间的断层线。它不仅是一座图书馆，而且是一个文化中心，在这里，几代人都被鼓励来学习和分享，一起赞美文化、遗产和教育。这对年轻人及其家庭的学习、健康和理想态度的形成也有深远影响。

麦德林对其未来具有非凡的愿景，并努力通过社区来建立一种自豪感和乐观精神——这一点是显而易见的，并通过其独特的教育体系体现出来。在这个体系中，发展教育是为了适应城市清晰的发展目标。这种发展发挥了作用：麦德林现在有越来越多的全球性高科技企业入驻，包括惠普和西班牙电信。

我不知道在英国，我们对未来愿景的定义是否明确或者说足够强大，我所知道的是，它并没有推动我们的教育体系。也许还有一个更大的挑战，因为过去50年来，我们为了短期的效益制定了短期的政策。学校甚至被视为消除公众对跨越几乎所有社会生活领域的令人恐惧的现实的手段，如犯罪、种族主义、虐待、财务管理不善、生态危机,等等。

  该体系找到了有价值并亟待发展的领域,并制定了一些符合核心理念的政策,这些核心理念仍然根植于战前的传统模式。在2010年的大选和新政府到来之前,我们已经根据创意、乐趣、儿童安全和个性化等理念制定了政策。自2010年以来,我们一直注重严谨的学校教育和优异的学习成绩,我们发现这两点不管是在实际的执行上还是在执行措施的持久度上,都是脱离现实的。究其原因,恐怕就是我们对教育的核心问题没有作深入的思考,只是在表面问题上做一些修修补补。这就是为什么我们必须放眼未来、思维清晰并充满自信,以重新定义我们的学校教育。我们孩子生活的世界不会是一个白领、蓝领泾渭分明的世界,不会是一个学业优秀就万事大吉的世界。讽刺的是,2006年我在中国的一次经历重新定义了我作为一个教育工作者的目标,以及我对未来的愿景。这源于我在安徽省合肥市一所中学的行程即将结束时的一次邂逅。

  一般来说,教师会进入类似演讲大厅的教室,学生们毕恭毕敬,感谢教师分享智慧和知识。他们会认真听讲,不会打断教师或提出质疑;然后他们会反复向教师鞠躬致谢。在访问结束时,我所在的这间教室里,学生们在等待,怀着一种我从未感受过的期待,空气中弥漫着兴奋的味道。一位70岁左右的干瘦老人步履蹒跚地走了进来,学生们安静下来。老人慢慢地踱步到教室的前面,对学生们鞠了一躬,说道:"亲爱的同学们,谢谢大家今天来上我的课,我希望我将与你们分享的一些东西会让你们感兴趣,并且感到重要。"接着,他上了一堂按照中国教育的标准来说算得上高度互动和充满活力的课。在结束的时候,他再次鞠躬,感谢学生们的参与和对课程表现出的兴趣。最后,他慢慢地踱到门口,并在他们离开时对每一个人表示感谢。我对这堂课有些吃惊,感触颇深。我问这位教师为何会采取这样的做法,他的解释令我永生难忘:"每一天,我站在这些年轻人面前,他们的脸上满是期待和希望,他们的能量弥漫在这个房间的浑浊空气中。当我看着他们,我心里想着,教室里某个角落的学生将来也许能治愈癌症,或者可能使得世界和平,也可能写出下一部感动全人类的伟大交响乐,他们有可能是未来的领导者、医生、护士、教师、奥运冠军。我不知道他们会有什么样的未来,但我知道,他们都在那里。找到那些有天赋的人,并且培养他们,不仅是为了他们的利益,而且是为了他们可以为他人带来福祉,这就是我的工作。我肩负着无可比拟的重任,我很幸运,这就是为什么我要感谢他们。"

这位老人说得很好,他深刻总结了我们继续推行一种一开始就被用来打造适合工作的人的教育模式是多么错误。这个模式在历史上有其成功之处,而且现在在中国,它仍是非常有效的。但是它过去不曾完美,今后也不可能完美。它让太多的人无法发掘自身有价值的令人称奇的能力,同时,也让人们对自己是什么样的人,自己应该在社会中扮演何种角色感到非常困惑。在当前,在未来,虽然生活飞速发展且充满变数,但是有一件事情我们要明白,那就是我们必须发展自己的独特性,提升我们的个人能力。在我们离开学校的时候,我们应该已经做好充分的准备去应对一个全新的世界。这个世界需要学者、专业人士、技术工人和体力劳动者,也需要其他的人,他们可以创造当下不存在的、全新的工作及工作方式。这就是为什么我们需要创建一个新的教育体系,它可以培养人们创造适应人的工作,而不是让人去适应工作。

2　未来的英国公民

> 　　为什么每一代人都哀悼上一代的逝去,担心下一代的诞生?为什么我们生活的世界执迷于"妖魔化"我们的孩子?孩子是与我们一样的人类,有着同样的变好或变坏的能力;他们并非天生带有恶意或喜欢破坏。他们是谁以及他们将成为谁,永远取决于他们周围的环境以及他们从我们身上继承的东西。

　　"如今的孩子让人很难理解,他们极具破坏性并且经常失控。我觉得那些电子游戏和电视真是罪大恶极。在我那个时候啊……"这是一个遍布世界每个超市、咖啡店、购物中心乃至街角的论调。根据不同的询问对象,我们会将责任推给家长、学校、政府甚至网络。有趣的是,每一代人都认为新的一代会毁灭人类。流行音乐不也曾经被认为是恶魔的产物吗?

　　有悖常理的是,今天的青年文化正在给我们的新一代制造问题,但这并不是令我们感到无法接受的原因。一代又一代的孩子感受到了社会的疏离,因此,在一定程度上,他们自然会去反抗它。可以肯定地说,只有一小部分年轻人会显得更具攻击性,藐视权威。毫无疑问,帮派文化、暴力、毒品、未成年性行为和酗酒是我们无法回避的问题。最近,来自2009年英国儿童局(the National Children's Bureau)和2006年爱尔兰平等权利署(the Equality Authority)的报告得出了相同的结论,其中一个不可否认的事实是,未成年人有一种被社会日益疏远的感觉,他们强烈希望得到别人的认同。这其实并不能算作新发现。美国著名犯罪学家阿尔伯特·K.科恩(Albert K. Cohen)

1955年出版《少年犯》(Delinquent Boys)一书。书中强调了导致青少年犯罪的主要原因是他们遭到社会排斥，包括极低的自尊和地位、糟糕的学业成绩和社会接受度。目前看来，改变微乎其微，虽然对通过教育去解决这些问题已经有了很多讨论，但是这些讨论还没有被真正转化为有意义的实践。

显然，这个问题太大了，在这里无法解决。但在这本书里，我们应该问自己，作为教育工作者，我们如何确保我们的孩子所处的教育体系是可以培养他们的自尊心、自我意识、雄心壮志、价值观以及自信心的，让他们融入社会的时候，能看到自己作为个体所发挥的积极作用。我们目前的制度在教育孩子们什么不能做方面非常有效，但在教导他们什么可以做方面却非常无力。我们面临的最严重的问题之一，是所有的孩子都因为各种各样的媒体报道而受到那些少年犯罪和违法行为的故事影响，这制造了更大意义上的社会排斥和恐惧。凯里·奥本海姆(Carey Oppenheim)是公共政策研究学院的一位主任，他在2007年曾经说过：

> "现在的孩子"这个问题其实在于成年人对待他们的方式。英国正处于变成一个对年轻人怀有恐惧心理的国家的危险当中，换言之，一个有青少年恐惧症的国家。我们需要制定政策去提醒成年人——不管是否为人父母——树立行为规范是他们的职责所在，他们需要通过与年轻人进行积极和具有指导性的沟通来维护这些规范。
>
> 《阿斯布文化：使孩子成为罪犯》
> (Asbo Culture: Making Kids Criminal)
> 公共政策研究所2007年12月10日发布

2011年8月上旬，警察射杀了一个名叫马克·杜根(Mark

Duggan)的人,这导致了骚乱的爆发,最初是在伦敦北部,由于移动通信技术的发达和社交网络上的煽动,骚乱蔓延到很多城市。这次骚乱被称为"黑莓暴动"(Blackberry Riots)。这一系列可怕的事件表明英国正处于糟糕处境,然而年轻人再一次成为替罪羊。事实上,司法部公布的数据表明,被定罪的参与者中,83%是成年人。

当时我正和家人度假,我们坐在那里看新闻报道和随后的辩论。我感到非常不安,当天就写了一段博客,在这里与各位分享。

为我们的年轻人辩护

我刚刚度假回来:为期两周的阳光、大海、沙滩和孩子……我爱这假期里的每一分钟!回来上班了,对我来说最糟糕的事情莫过于知道在未来的12个月,我只能花更少的时间和我的家人、孩子及他们的朋友待在一起。我们的假期很棒,同时因为我的两个孩子与10个10—17岁的青少年交了朋友,我们的假期变得更棒了。这10个孩子属于当地的一个民防团。看着他们大笑,戏水,跳舞……开怀畅玩,我真的很受感染。这是一种奇怪的感觉。与此同时,我们还看到在英国最大的城市骚乱在不断扩散:燃烧的火苗和残垣断壁的画面随处可见,人们都心怀恐惧或仇恨。然后,我们看到专家被迫告诉我们,英国正在受到年轻人的围攻;政治家排着长队告诉我们,我们生活在一个支离破碎的国家。

我们度假回来的时候正好考试成绩出来了,我们再一次获悉,我们的孩子已经成功打破了所有纪录……然而,媒体当中的某些人以及所谓的积极的政治家们告诉他们,他们之所以取得成功,是因为他们选择了简单的学科和简单的试题。

在这周,我了解到,即便是那些年幼的孩子也在失去控制,因为在过去的5年中,每年约有240人从小学被淘汰出去……

尽管你会说,英国每年大约有550万儿童就读小学,但我觉得这个数字听起来仍然令人非常震惊!

在我的职业生涯中,我都在和年轻人打交道,他们中的大多数人令人啧啧称奇:他们热情且富有感染力;他们活力四射,对生命的渴望震撼人心;他们希望过幸福的生活;他们拥有强大的道德信念,他们非常关心社会。然而,他们常常觉得自己如同二等公民。我知道有些人会误读这种说法,并由此指责我是一个软弱的自由派,应该为社会的沦丧而负责……事实上,我不是!

当今的问题在于,新闻报道和政治因素让我们容易一概而论。太多的人认为我们的孩子应该像需要驯化的野生动物一样被保护起来……但其实他们不需要!他们需要被倾听,被理解,被重视……事实上,我们的孩子就是20年或者30年前的我们。我记得教师培训的时候,我被教导需要记住的第一条规则就是,千万不要不断地告诉孩子们他们是调皮的,因为那样的话,他们很快就会开始朝你期望的方向去表现自我。在接下来的几个星期、几个月甚至几年,我们必须牢牢记住,大部分年轻人是令人难以置信的,他们有才华、有决心并且有越来越强烈的认同感;我们必须帮助他们提升技能,发展才能,并增强他们的认同感,因为他们会给我们带来惊喜,他们理应得到这些!如果是我们有问题,我们必须停止指责我们的孩子,因为他们无法为自己辩解——事实上,我们的确有问题。我们应该看到问题的本质,那里可以发现真正的问题,头号问题就是我们应该如何对待孩子!

对我来说,整件事情悲剧的地方在于,没有什么媒体报道年轻人使用社交媒体来发起清理运动,且这项清理运动涉及的人数是聚众闹事者人数的三倍多。

今天的"青少年罪犯"比之前几代年轻人拥有更好的装备来应对他们面对的挑战。他们更了解周边的世界。事实上，根据美国的数字媒体和教育学专家马克·普林斯基（Marc Prensky）所说，技术革命已经改变了他们大脑的生理结构。在他的一份名为《数字原住民，数字移民》(Digital Natives, Digital Immigrant)（2001）的报告里，普林斯基提到复杂的技术以及海量的信息对我们孩子的大脑演化产生了深远的影响，这意味着他们能够以令人难以置信的速度处理大量信息，但他们正在失去在一段持续的时间里专注于一件事的能力。不幸的是，我们并没有帮助他们去理解这个充斥着各种知识、观点、选择和诱惑的复杂世界。因此，对那些正在努力学习新兴的知识技能，并且感到极度困惑的年轻人来说，我们反而给他们增加了障碍。他们认为，我们的世界与他们毫无瓜葛，对他们大部分的文化和思想，我们都抱有一种负面的心态乃至恐惧的心理。这也许可以解释为什么不同形式的帮派文化数量在快速增长。越来越沉溺于虚拟世界和社交网络是否从另一个侧面表明年轻人其实是在不停地寻找归属感呢？

尽管我们都知道兴趣、体验活动和我们的孩子所接触到的媒体的价值，但对于如何积极地利用这些因素，我们并无多大作为。作为一个体系，教育被视为维护传统价值观的一种方式，并被用来对抗社会的变革及演化。固守那些传统的学习途径和方法，在某种程度上会阻碍社会的变革和技术的革新，并会阻碍我们重新获得世界的控制权，而在许多方面，这个世界对我们来说是如此陌生；这也从一定意义上解释了为什么我们会有强烈的不安全感。20年前的父母向自己的孩子展示他们是如何设置录像机的，然而今天，我的孩子们教我如何使用色拉布。

在本书第一版中，我讲了这样一个故事：

> 我的女儿也是青少年中的普通一员。她对各种事物有着强

烈的兴趣,她学习和利用新技术的能力令我惊叹。她像大多数孩子一样,在自己的领地——卧室——过得相当开心。下午茶之后,她会回到自己的领地。她打开电视,启动电脑,如饥似渴地在BBC上欣赏她最喜欢的 *Gritty Children* 的最新一集。她可以从中学到一些东西,有时可能是一个相当复杂的问题。她正在玩笔记本电脑上她自己挑选的医院经营模拟游戏。游戏的目的是建立、管理和充分发展这个医院的潜力,包括员工招聘、科研、员工培训、建造计划、疾病根除、预算等。实际上,她一边在卧室看电视剧,一边"运作"国家卫生服务中心。并且,她相当擅长这些。她目前"管理"着一家预算充足(有近2.5亿英镑)的超级医院,她甚至不满足于仅仅同时做这两件事情,事实上,她还与住在西班牙的奶奶用MSN进行视频聊天,并听着一个风格独特的女孩乐队的最新专辑。哦,对了,这个专辑是她从朋友的iPod上下载的,iPod上有着各种软件并且进行了个性化设置,以符合她自己的喜好。最后,她还在发短消息,与同学讨论作业问题。第二天,她进入学校,坐在位子上打开教科书,花了一个小时来学习。

令我感到欣慰的是,她现在已经度过了青少年时期波涛汹涌的困难时刻,并即将离开学校。我简直不敢相信,她这么快就长大成人了,而我还没有做好准备。她与父母在一起的最后一个晚上应该是充满深情和回忆的美好时光。事实上,从某种程度来说,的确是这样的。她是一个了不起的女孩,她的老师都对她赞叹不已,历史老师更是因为她写的散文中大气磅礴的观点而对她大加称赞。不得不承认,我忍不住开心地笑了,就像她的历史老师一样。我知道我的女儿是如何写散文的。她通过社交媒体与在世界各地的小伙伴们联系,告诉他们她所从事的研究,然后收集他们各种各样的想法,并将这些想法整理、编辑在一起。现在,在某些圈子里,这样做将被视为作弊,但我想说的是,她展示了合作、处理信息的技巧和明智的学习方式。

真正的问题在于,我们真的给予我们的孩子非凡的脑力和对世界更好的理解吗?

可悲的是,我们大大低估了年轻人的潜力以及他们所知道的和所做的。他们其实是非常独立的学习者,不用任何人来教授他们,他们天生就知道如何发现新事物;也不需要任何人来展示,他们就知道如何使用新技术。事实上,他们能发现装置的新应用,即使设计该装置的专家本人也没有想到。在10年前的小学,我们还需要向孩子们展示如何开启一台电脑,并帮助他们控制鼠标,今天,还在托儿所的孩子就已经在用NickJr网站做导航,并很快在出门之前就搜索到自己喜欢的节目。通过使用短信当中的括号、冒号、表情和数字,我们的孩子创造了一种全新的语言和通信手段。在2009年初,英国考文垂大学(Covertry University)发表的报告甚至显示,发短信对儿童的文字学习有积极影响。他们发现,使用这种所谓的"短消息语言"会对孩子的阅读发展产生积极影响。发表在《英国发展心理学》(British Journal of Developmental Psychology)杂志的报告的第一作者贝弗利·普莱斯特博士(Dr Beverley PLester)得出了如下结论:

> 来自媒体的警告主要是基于一些经过选择的特例,但实际上,当我们想从论文当中找寻文本书写的例子时,我们似乎并不能找到多少……你所接触到的文字越多,你就能变得越有文化,我们往往在那些我们能得到乐趣的事情上做得更好。

这项研究还发现,没有证据表明"短信语言"会对传统的拼写学习产生不利影响。他说:"我们所认为的拼写错误,其实并没有真正打破语言的规则。孩子们对于语言的恰当使用具有复杂的理解力。"普莱斯特的研究发现在2012年底发表的英语系的教育报告中得到进一步的印证,事实上,这个教育报告还进一步称,使用短信可以激发孩子的写作能力。这些并不是最近唯一一份支持短信文化的积极影响的报告。同样,多伦多大学一项专注于青少年如何使用即时消息的研究也发现,即时通信对语言的掌握产生了积极的影响。

学校教育现在面临巨大的危机。它正在扼杀孩子们的发展,因为它迫使我们的孩子相信他们的文化和习俗是次要的,并且在更广阔的社会中没有任何价值。关于在学校里使用手机和模拟电脑游戏的讨论很热烈,但是,对使用这些东西的"灰色地带"的容忍度似乎并不够高。事实是,它们都有作为学习工具的巨大力量。教育部发布

各种娱乐活动都具有教育意义

的一份报告将2010年的游戏坦克未来实验室叫作"游戏教育：严肃游戏"，并且认为游戏已经成为军事训练不可或缺的一部分，同时，模拟游戏正逐渐成为越来越普遍的医疗培训手段。该报告还强调了游戏模拟在商业领域的运用，部分原因可能是教育部认识到游戏能够帮助人们发展日常生活中必要的技能，如冒险的勇气、组织沟通能力，等等。

许多年前，我记得曾经读到一篇博文，讲述了"第二人生"——一个最早的互动式虚拟社区——作为教学工具的使用。据该博文称，"第二人生"在2007年5月举行了第一次虚拟教育工作会议，吸引了超过14万的代表参加。在这次虚拟会议上，一个来自常春藤大学联盟的文学教授解释了她是怎样在"第二人生"中发现一个忠实再现的托马斯·哈代（Thomas Hardy）世界，以及她现在如何用它来提高关于经典文学的教学，如《德伯家的苔丝》(Tess of the D'Urbervilles)。受此启发以及在我孩子的帮助下，我在"第二人生"建立了我的个人账户。不到10分钟，我就发现了一个博物馆，这是一种互动和完全身临其境的体验，给了我一个全新并且异常强大的洞察特定时期的全球历史记录的方法。作为一名教师，我想到了这个在线社交网络展现出来的令人难以置信的可能性。

在2013年的世界教育创新峰会（World Innovation Summit for Education，简称 WISE）上，未来实验室发展部的研究员丹·萨奇（Dan Sutch）在关于教育中的社交网络的使用的辩论中说道：

> 我们需要认识到使用社交软件所带来的机会，无论是在内容的共同创作上还是在与观众的更广泛的接触上。这些技术从根本上改变了我们与知识的互动方式。教育已经从一种广播模式转换成了一种我们需要对信息进行理解的模式。我们需要重新思考学校的组织结构，以在提供信息和支持年轻人创造知识

这两方面谋求一种平衡。这意味着,学习方式需要有一个从供应为主导到以需求为主导的转变。我们知道,人们很有可能通过社交媒体走到一起,以创造更多合适的学习活动。问题是,这对年轻的学生和学校意味着什么?

技术不仅仅影响了孩子看待和利用世界的方式,它对孩子的世界观也产生了重大影响。他们在这么小的时候就已经接触到太多我们年轻时不曾接触过的东西,他们见证事件和问题的方式也是我们从来没有经历过的,战争、恐怖活动、体育、名人都被赋予了全新且不同的现实。我不确定我们的孩子因反恐战争所受到的影响和我还是一个孩子时因冷战相关问题所受到的影响或者对其的理解是否一样。我当然也不会像我们的孩子深入了解麦莉·赛勒斯(Miley Cyrus)那样,去了解嘉莉·费雪(Carrie Fisher)早餐吃了什么或者她在和谁约会。这些差异本身就是对我们制定教育方针和培养模式的挑战。这意味着我们必须专注于帮助我们的孩子使用科技和他们的文化知识去形成一个健康全面的世界观,让他们去发展技能和提高竞争能力,以应对信息革命。最重要的是,我们要让孩子意识到他们手中有足以应对变革的工具,而我们的工作正是让孩子学会使用这些工具。

学校教育应该是一个成长之旅,它可以帮助年轻一代有意识地拓展自己的兴趣和提升自己的文化知识水平,并且让他们去发现可以不断超越自我的发展机会,去搜寻能让自己学以致用的领域,同时激励他们渴望获得更多的知识,最重要的是,鼓励他们利用自己的经验对我们赖以生存的地球村作出积极的贡献。

现今社会,人类面临的最大危机中,有三个是由先辈们造成的:经济危机、环境危机和种族及社会危机。我们的孩子都知道这三个危机,他们因为这些危机而感到害怕,感到被排斥。然而,如果我们想要一个更加光明的未来，他们这一代人就必须去寻求解决这些危机的方法。

现在的问题不在于我们的孩子玩了太多的电脑游戏，也不在于他们的沟通方式会破坏传统文化，甚至不在于那些被帮派和青少年犯罪所吸引的少部分人会把整个社会风气带坏。对我们来说，核心的关注点是我们要开始理解"发展"对我们自身和孩子所造成的影响有多大。我们需要认识到，社会在持续地发展演变，孩子们也随之不断地变化。也许两者之间的差别在于事物演变的速度和由此带来的复杂性。但比起我们自身，我们的孩子已经在许多方面为未来做了更好的准备。他们对我们所担心的许多事情的可能性有着更好的理解，但他们不知道如何利用这些准备和理解去保护和发展社会和文化。因为诸多原因，有太多孩子感到被社会排斥，感觉自己游离在社会体系之外。

在社会经济方面，例如，约瑟夫·朗特里基金会（Joseph Rowntree Foundation）在2009年2月预测，到2020年，生活在贫困中的英国儿童可能多达310万。但根据"儿童脱贫运动"2014年发布的数据，生活在贫困中的英国儿童已经接近400万。这些孩子会因为不同的原因而感到被社会孤立，但我们的教育面临的挑战仍然是一样的。到目前为止，我们都在用同样的模式、同样的价值观教育所有的孩子，因为我们相信只有教育才是正解。但只有当我们真正了解到我们生活在不同的世界，而且现在所提供的教育应当满足社会的多样化需求时，教育才能成为真正的答案。要做到这一点，我们就必须摒弃"教育是孩子必须接受的东西"以及"一种教育模式适合所有孩子"的想法，更多地重视孩子的文化和成长背景。

3　学校营销

> 我从没有因为命令而做好一件事,但当我自发地去做一件事时,我一定会做得更好。所以,教育不应该是一个仪式,它真正的意义应该是让我们对自身有更好的认知,并且帮助我们变得更加完美。它是世界上最伟大的产品、最好的名牌——但为什么懂得这个道理的人这么少呢?

我们所处的大环境认为,教育是一种权利,而不是一种特权。然而,也正是因为如此,我们相信孩子会欣然接受这个权利,因为受教育权就在他们每个人的手中。同时,我们认定孩子会去学校学习。首先,因为这是法律规定的;其次,如果他们不去上学,他们将会被社会淘汰,而他们的父母会因此被起诉。所以,人们相信受教育权会激励年轻一代投入到学习中去,毫无畏惧、满怀热情地开始这段至少要耗费13年的学习之旅。

我不喜欢坐飞机出行,但我仍然会选择登机去忍受10个小时的飞行,不是因为迫于无奈,而是因为我知道,飞机降落之后,等待我的是一场能提升自我且能愉悦身心的旅行。我们会因为孩子要求我们用辛苦赚来的钱去给他们买最新款的电脑游戏而发狂,但是并没有人教孩子们这样做,他们这样做是因为他们真的想要那些游戏。但他们为什么那么想要那些游戏呢?因为游戏成功的市场营销,因为它的高质量让每个孩子甚至成人都觉得拥有这样一款游戏会让他们的生活更美好。

所以,如果想让孩子蜂拥而入并且乞求着来上学,单单建立一所学校，是远远不够的，哪怕这是一所有着闪闪发亮的铬合金装饰和玻璃窗户的学校。

如果我在第一次与你见面时就嘲笑你所有的兴趣，告诉你它们都不重要，然后再花几个小时去说我的兴趣并且强调它们多有意义，让你知道我的东西比你在乎的东西重要多了，你肯定会觉得我很滑稽，并且会完全否定我这个人。事实上，我相信我会很快变成你不惜一切代价想要逃避的人。如果你需要建议或者帮助，我一定是你最不想找的人。但有趣的是，我们大部分人在学校就是这样对待孩子的。他们满怀丰富多彩的兴趣，想要和我们分享庆祝，比如那些激励他们的玩具，那些让他们放声大笑的电视节目，那些俘获了他们的心的有趣经历。但我们却告诉孩子，我们正在"工作"——做着我们认为的重要和紧迫的事，如果他们在我们所谓的"黄金时间"里表现很好，学习非常努力刻苦，他们就可以在休息或者公开展示的时候再来告诉我们那些有趣的事。而我们会对孩子说，这是因为我们认为他们的兴趣爱好远没有我们的"黄金时间"重要！

这是一种我称之为不考虑"前因后果"的教育方法，但我们的社会却认为这样的方法十分有效，而且还代代沿用了下来。我们通过一系列的课程，将那些零碎的知识用课表和练习册捆绑在一起。绝大部分孩子不认为去学校学习是为了自己的人生，他们认为学习只是帮助他们跨越障碍的踏板罢了。学校里的尖子生就像那些成功的奥运会选手一样，他们认为学习就是为了能带着绝妙的节奏和自信去参加比赛。大多数孩子仍然不知道为什么要学习，但他们知道有人曾经这样说过，只有学习好，长大后才能找到一份好工作。和一个6岁的孩子说这样的话，多么滑稽可笑！在为写这本书而做调查的过程中，我也参考了一些图书，这些书探访了年轻一代对"读书是为了什么"这一问题的看法。这个问题不常在政治圈被提及，也许是因为年轻一代率直的回答会给公众带来不适。但是我看到墨尔本教育成果研究会在20世纪90年代后期发布过关于这项问题的调查，调查发现，当学者要求昆士兰的高中生按照感知重要性对上学的各种目的进行排序时，他们列表中排名第一的是获取文化知识，收获友情、个人成长和学会互帮互助这些目的则排名垫底。其中一个男孩的话被引述为：

> 他们会教授类似代数这样的我们以后生活中不会再用到的知识，却不教授那些人人都应该掌握的至关重要的知识。

我们必须有意识地让传授知识的方式变得更有创意，能够调动起孩子的积极性，能和我们的生活有更多的联系。我经常在想，如果让全球广告商巨头之一去设计一个向孩子推销学习的广告，那一定会很有趣。这使我想到，在每个行业的商业活动中，企业都会投入一定的时间和资源向特定的客户群宣传自己的产品和服务。尤其是对刚起步的企业来说，投入总预算的20%—30%是十分正常的。然而，在学校教育上，我们却从未考虑过这种方案。但现在，我们的孩子已经变成了国际市场上最难对付的老"客户"群，因此我们需要重新制定方案。

我们现在讨论的问题不是我们的孩子不愿意学习，而是他们因为找不到学习的意义才不愿意学习。我们有多少次是因为害怕被惩罚，因为被大人强迫，才坐在教室里去"完成"学习任务的？我们又有多少次是因为想要讨好老师，或者因为父母承诺如果我们取得了好成绩以及在家长会上表现好就给我们礼物，才去"完成"学习任务的？我们不该期盼这些事发生在我们的孩子身上。我们要做的是让他们对学习充满兴趣和激情，因为只有这样，他们才能明白学习和自己的生活之间的联系，才能知道全身心投入学习会让他们现在和未来都有所收获。

我最近发现了一条非常令人悲伤的博客评论:

　　我读完书,却在工作中迷失了自己,没有一个信念能够支撑我继续追求自己想要的生活。(2008年8月发布于"边缘论坛"网站)

你曾多少次后悔:"我当初要是能学会这些知识该多好,这样的话,我的生活是不是就不会这么艰难了?"我们当然不会想让自己的孩子20年后重蹈覆辙,所以我们要向他们传授这样的想法:"我学到这些知识是值得高兴的事情,因为它们会让我的生活变得截然不同。"如果想让他们这样想,我们就必须寻求方法去进行教育改革,而不是一味地维持现状。我问过我从事教育工作的同事们这样一个问题:"为什么学校不能成为一个像迪士尼乐园那样让孩子们兴奋的地方?"孩子们在迪士尼乐园里的笑声在我耳畔回响。为什么学校就做不到这样呢?为什么当我们的孩子在二月一个寒冷的早晨因为喉咙痛而醒来的时候,会咳嗽、坐立不安,假装病得严重到需要牧师来做最后的祷告,以此来逃避上学?然而,如果他们因为喉咙痛在迪士尼乐园醒来

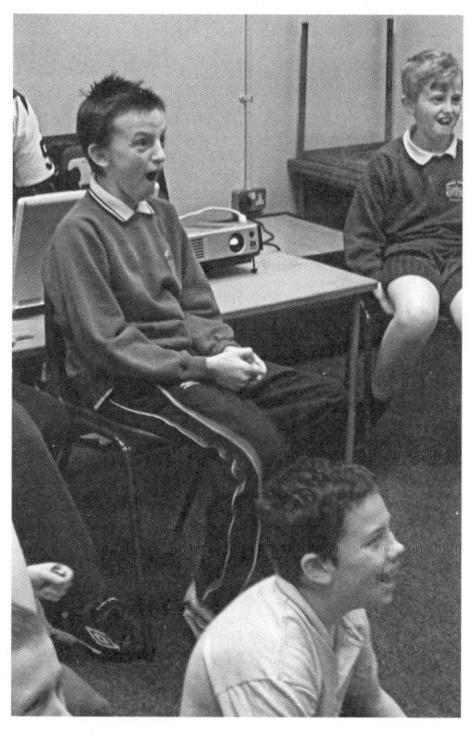

不可思议的课堂表现!与学生的互动交流是评判教育是否成功的关键

的时候，什么都无法阻挡他们，即使是灰姑娘的老鼠变成了马也无济于事，这是为什么呢？为什么学校不能像迪士尼乐园那样给孩子更多的期待？

现今，世界正被广告产业所主导。它雇用了比任何教育机构都多的行为心理学家。从个人的角度来说，我恨他们，恨他们对我的孩子所做的一切！他们制造了许多矛盾，也让我在第一次有了孩子之后除了花钱还是花钱。但是，我现在是带着悔意和些许犹豫说这些，虽然很不情愿，但我还是有点敬佩那些广告商做出来的广告以及他们为了控制我们孩子的选择而使用的方法。

如果我们能有他们一半的能力来激励我们的孩子，那我们的孩子对学习的渴望该会变得多强大？

从一个公司发展和维持自己品牌形象的过程中，我们可以学习几条有趣的原则，最好的例子就是被许多企业誉为现代品牌推广先驱的哈雷机车。哈雷机车是一家有着高超的营销技巧的公司，因为它推广的不仅仅是自己的产品。尽管机车一直是它的核心产品，但是哈雷机车大部分品牌折扣店销售的是与机车有关的时尚单品：夹克、T恤、牛仔裤和古龙香水，而不是机车。事实上，哈雷机车还创立了"圣杯"(Holy Grail)。人们买它的产品，然后为之宣传品牌。哈雷机车成功的很大原因在于，它的品牌代表了一种生活态度，而不仅仅是一辆酷炫摩托车的轮胎、排挡和引擎。哈雷代表了自由、叛逆和美国人的一种生活态度！哈雷机车的品牌推广方式让许多企业向往且效仿。

耐克也是一个很好的例子。它的特征是如此明显，只要一个有着勾或者旋风标志的海报就足以牵动数百万粉丝的心。耐克花了数百万甚至数千万美元与当今世界最著名的运动员签下代言合同，例如拉斐尔·纳达尔(Rafael Nadal)、克里斯蒂亚诺·罗纳尔多(Cristiano Ronaldo)等，目的就是为了推广"想做就做"的品牌理念，同时让人们相信耐克有着能为世界冠军提供赞助的世界级水准。我们的孩子甚至许多父母都想要印着旋风标志的任何东西——例如T恤、帽子——来彰显自己的品位。

学校自然不会有这样的资本或者说意愿来变成耐克或哈雷机车这样的品牌。我也不确定当我的女儿像很多人在身上纹哈雷机车标志一样纹着校徽回家时,我会不会欣喜若狂,但是这其中体现的许多基本原则能帮助我们扩大学校的品牌效应,并让我们的"客户"——孩子——爱上学习。

任何一个公司在推广品牌时都要明确的第一个问题是:我们在客户的心里代表着什么?

第二个也是最重要的问题是:我们平时要做些什么来支持我们的品牌?

对一所学校来说,第二个问题就变得至关重要且富有挑战性,因为只要团队中的一个人在错误的时间和地点说错了话,学校就会陷入困境。举例来说,一个非常爱与他人起争执的食堂经理的一句"嘿,就是你,给我过来"的怒吼,就会对一所打着民主、关爱和尊重旗号的学校造成实质性坏影响。

也许能在同一家公司里完美展现这两个问题的优缺点的最好例子就是脸书(Facebook)。脸书是一家以让人们互相沟通为准则的有组织且开放的公司,它的核心经营理念就是"为用户而生"。脸书成立后的六年里,公司发展得一帆风顺,但这之后,脸书开始意识到应该为它的用户升级个人设定。这激起了脸书用户的强烈抗议。随着越来越多的人拒绝使用脸书,这场抗议几乎让这个世界上最强大的社交网络公司崩溃,同时推动了另一个社交网络公司——推特——的崛起。脸书的经历让我们感受到了现代消费者渴望变成产品和服务的主导者的强大力量。

这也间接使"产消者"一词逐渐进入我们的视野。事实上,"产消者"一词不是新词,因为早在1980年,预言家埃尔文·托夫勒(Alvin Toffler)就创造了它,以此预言未来积极主动的客户数量的上升。我们的孩子在成长过程中对品牌形成了这样的理解:如果一个品牌不能给他们发言权和主导权,那这个品牌就是跟不上潮流的,甚至是落伍的。

学校品牌化是一门非常复杂的学问,但我相信这是学校和从事教育工作的学者都必须掌握的。孩子厌学的方式有很多,从不做作业到上课注意力不集中都属于厌学,而这其中最极端的方式自然是逃学。自1997年开始,为了减少英国学生逃学而投入的资金多达约1 000万英镑。逃学率迟迟不见降低的原因有许多,其中包括自卑(通常是因为成绩差造成的)、校园暴力和家庭矛盾。然而,大多数逃学是因为年轻一代感到学校教育和他们未来的生活越来越不相关。在2008年,英国有超过23.3万个孩子因为每周至少缺课一天而被列为长期缺课者。但同时,政府的投入似乎未见成效,逃学率维持不变;而且尽管特许缺勤率下降了(这可能是因为现在地方政府和学校有权对在学期中擅自休假的家庭实行罚款和起诉),但擅自缺勤率反而上升了,这就形成了一个新的格局。根据教育部2013年发布的数据,中学生的总体逃学率达到约5.8%,而小学生的总体逃学率为4.8%。这说明孩子在用他们自己的行动表达不满。

为了明确学校品牌化面临的挑战以及我们到底错在哪里,泥谷品牌推广公司(The MudVally Brand Marketing Community)的以下建议可能会有所帮助。他们认为的品牌推广是:

当一个品牌能够让顾客来了一次还会来第二次,并且比其他品牌能够更好地传达品牌理念,那这个品牌就成功了。一个品牌的客户受众面越小,对客户的吸引力就越大;如果想抓住更多的客户,品牌对客户的吸引力就越弱。只有一个例外情况,那就是如果你的客户对其他品牌没有特定的取向,他们会被他们认为最棒的品牌所吸引。因此,品牌就像光束一样。光束越集中,它所拥有的切割能力就越强。然而,即使是散射光,比如太阳光,仍然会比黑暗散发出更多的光和热。

这条建议主要解决了教育面临的诸多困境中的一个主要问题。这个问题早已因为时间的流逝而扩散,进而影响到太多利益相关者,所以它的愿景、目的和品牌都已变得模糊。教育是受政策驱动的,进而经常要用到政治和媒体驱动的方法。这一事实造成客户对教育失去了自信心和共鸣。但究竟谁才是我们的客户?是报纸、父母还是政客?我们的客户当然是我们的孩子,因为他们才是我们选择相信学校和教育的理由。当我们想到如何解决逃学问题时,我们能想到的是对父母进行罚款和诉讼以及通过制定一张所谓的逃学黑名单让学校承担监管责任。我们很少听到有专家讨论如何让孩子喜欢上学校,如何让学校和孩子密切相关,如何给孩子充满吸引力且不可抗拒的学习经历。如果想要达到这样的目标,我们必须更尊重孩子,寻求他们的建议,并且根据他们的建议改进不足之处。同时,我们必须确保我们的"销售人员"——教师——专注于教学工作,让孩子们都沉浸在课堂的乐趣中。

我最近在一所中学的科学课上听课,课堂上,教师让学生回答关于酶的实验的一连串问题。当学生们主动回答的时候,教师会说:"回答正确,真棒!你们要记住这些知识,因为它们很重要。为什么重要呢?因为它们是重要的答案,而我们都应该在考试中得到'A'的成绩。"

对有些孩子来说,这些话会激励他们,因为他们学习的重点就在于顺利通过考试,然而对另一些孩子来说,他们很快就会忘记这些话。

我们需要更多地考虑我们的思维方式以及如何推广我们的学校品牌。我们要认识到我们的孩子是非常挑剔的客户,因而也是最精明的客户。我们要尊重这点,并且针对这点作出改进。是时候放下架子去学习如何进行学校品牌推广了。

4　鼓励犯错误者

> 如果你想成功，就必须勇于承认自己的错误，并且懂得"无知者无畏"的道理。很少会有人真的给自己制定一个足够高的目标，或者真正意识到自己所具有的巨大潜力。真正成功的人从来不会停止尝试，从来不会停止犯错误，也从来不会认为自己得到了所有的答案。人生的乐趣就在成长的旅途中。

我们的教育体系是一个高风险体系。我们都知道那个叫"谁想成为百万富翁"的电视节目，这个节目很好地体现了上述道理。在节目中，你能获得的奖金金额与你是否有勇气回答下一题有着直接的关系，节目组以此来检验人们的知识和勇气。你想冒着失去你累积的奖金的风险继续游戏吗？你想冒险回答下一题，接受下一个挑战吗？你已经赢了50万英镑，你愿意冒险用它来换100万英镑吗？如果你回答对了，你就发财了！但如果回答错了，你会失去已经赢到的一切！这种游戏模式会吸引到一类人立刻开始挑战，另一类人会先为此做好准备，还有一类人会保持冷静，守好自己口袋里的奖金。这个节目在全球范围内都取得了成功，因为这是现实中体验不到的冒险，施加给选手的压力也是重要的看点。所以，不管是对选手而言还是对观众而言，这类节目都十分具有娱乐性。

学校在很多方面都和这类游戏节目十分相似。它就像一个被设计好的体系一样，所以我们相信成功是以通过考试来衡量的，相信最有才华、天赋和能力的年轻一代是学校里那些最具资质、成绩最好的学生。因此，我们将一生的精力和时间放在拿大奖上。当我们还是孩子的时候，大人会教导我们，如果我们一直努力往上爬，最后我们会变成有钱人，但如果我们失败了，就会失去一切。但这对某些人来说是无关紧要的，因为他们喜欢并擅长玩游戏。然而对其他人来说，他们更喜欢在电视里感受游戏的乐趣，因为这样，他们就可以不用冒险，也不用害怕自己会失败。

英国特许教育评估研究所（The Chartered Institute of Educational Assessors）2008年发布的新闻中曾提到，在一项针对2 000名成年人进行的调查中，77%的人认为他们的考试成绩和他们的真实能力无关，90%的教师不认为考试是检验学生能力的最好方式。但我记得在我小时候，大人一直告诉我："你的应试能力以及你的成绩会向你未来的老板展现你执行任务的能力以及你的适应力。"

你在学校参加了多少场考试，你的成绩有多好，你在班里排名有多靠前，对你的存在感、自信心和社会地位都有深远影响。而我们的自信心、价值感和社会地位对我们的工作能力、沟通能力和社会融入感都有巨大影响。学校是一个高危的地方，在这里我们没有用金钱赌博，却赌上了自己的自尊，一种远比金钱重要的东西。

在我们现今生活的社会中，有一件事情再清楚不过了——任何人不惜一切代价都要避免失败的可能。在这个世界上，只有两种选择，正确或错误，成功或失败。所以，我们渴望变成赢家，也崇拜、嫉妒那些赢家。我们嘲笑"失败者"，所以几乎没有人愿意去冒险，去奋不顾身地尝试。

我们是天生的冒险家。事实上，我们生下来就是完美的学习机器。想想我们在接受正式教育之前学了多少东西：走路，说话，上厕所，等等。刚学会走路的我们探索着世界，因为一切都在吸引着我们。这个时期对我们来说的确十分危险，我身上现在仍有小时候因为接触到散热器而留下的伤疤。但我们是因为好奇才去探索发现。

我们会尝试去找到问题的答案，却不会考虑因此犯错而造成的后果。小孩子不会因为错误而感到尴尬和羞耻。作为校长，一周中我最喜欢的活动之一就是给学校幼儿部的孩子（3—6岁）开晨会。通常，我一开始会说："我需要一个小朋友……"在我说完这句话之前，所有孩子都已经把手举起来了，他们因为激动，并迫切想要被选中而汗流浃背。重要的不是他们要去做的事情，而是他们从内心深处想要参与其中。当我给少儿部的孩子（7—11岁）开晨会时，问他们同样的问题，眼前的景象让我联想到人浪。年龄小点的孩子仍然会举起手，年龄大点的孩子就出现了分歧，你可以从他们的脸上看出来，有些孩子想举手，但是那些不想举手的孩子会一直盯着他们看，然后劝他们不要举手。不想举手的孩子这样做并没有恶意，只是他们内心在暗示自己，不要这么出挑，或者说得严重点，不要被别人当作傻子。有时候我会给那些非常成功、专业的教师和学校领导开职业发展研讨会，当我向他们寻求帮助的时候，他们会用尽全力不和我对视。为什么会变成这样？我们在孩子的成长过程中对他们做了什么从而改变了他们？如果我们想要建立一个成功的教育体系，真正地挖掘和发展每个孩子的潜能，并且帮助他们为迎接未来的挑战做好准备，那么我们就必须改变"失败"这个概念的本质。

如果说我从教师这一职业中学到了什么的话，那就是明白了我们在一帆风顺的人生中学不到新知识。只有在我们犯错和意识到自己不能做某些事的时候，我们才能学到新的知识。

学生学习成绩不好有很多原因，很多研究成果将其与情绪问题联系在一起，例如，和教师有冲突，同龄人之间的压力，觉得无聊或者对于尝试的畏惧心理。最后一个问题十分有趣，因为它质疑了我们对那些可能会失败的孩子的成见，这其中包括那些学习能力不强的孩子，那些家庭经济条件不好的孩子和所有的男孩子。心理学家爱德华·E.琼斯（Edward E. Jones）认为，许多关系和谐的中产阶级家庭的孩子学习成绩不好,是因为父母和家庭对他们的期望过高而造成的间接压力,许多年轻人因为害怕达不到长辈们的期望而退缩。害怕失败的心理是由多种多样的原因(包括来自各个层面的压力)造成的,但是这种心理和成功的标准以及这个标准所带来的高风险并没有什么联系。感谢上帝,人类历史上伟大的发明家和革新者没有这样的感觉。相反,他们意识到失败和犯错是学习中最重要的部分,因为从另一个角度想,我们从失败和错误中学到了新的知识。下面三句关于错误和成功的名言凸显了这一点:

不要害怕犯错。认识失败,然后重来。
——本杰明·富兰克林(Benjamin Franklin)

失败与成功同等重要,都值得学习。
——杰克·韦尔奇(Jack Welch),《肺腑之言》
(Straight from the Gult)

成功人士会从失败中吸取教训,然后换一种方式继续尝试。
——戴尔·卡耐基(Dale Carnegie),《人性的弱点》
(How to Win Friends and Influence People)

教师教授给孩子的是,无论如何都不能在作业上有错误:对了是好事,错了就意味着要用本该玩耍的时间将题目再做一遍。有些教师会说这是在给孩子塑造人格,我们用这样的方法教育了整个民族。我却觉得这正是造成社会退步的诸多原因之一。我们对不犯错和成功的痴迷,对失败的恐惧,都阻碍了我们教育体系的健康发展。

在家长会上,我们所固有的对教育中孰轻孰重的错误观念一览无遗地展现出来,尤其是作为家长,我们最关注的是卷子上的勾。我刚开始从教时,和很多有强迫症的教师一起工作过。他们特别看重课本上的勾以及它们带给家长的影响,所以他们会让孩子在草稿本上先做一遍作业,批改一遍,然后当所有错误都被改正之后,才允许孩子把正确答案抄到一本干净的本子上,用作公开展示。噢,那段日子真是黄金岁月!

正如你所想到的,参加孩子的家长会对我来说简直就是一场噩梦,因为我真的不懂那些爱说大话的父母能为孩子的声誉做些什么,我能坚持下来,要归功于做班主任的妻子。当我们面对着老师,坐在那些小到膝盖都能碰到下巴的椅子上的时候,她会一直抓着我的手。她这么做不是出于对我的爱,更不是想要向大家展现我们夫妻同心,而是因为当我为了上台讲话而做深呼吸的时候,她可以握紧我的手,让我能顺利地完成演讲。最近,我们坐在儿子的教室外面等着开家长会,因为老师会拖堂45分钟,于是我们有大把的时间翻阅儿子的作业,家长会对我来说因此变得轻松了许多。坐在我们旁边的夫妻的儿子是我们儿子最好的朋友之一。他们在轻声讨论着他们宝贝儿子的作业本。父亲骄傲地说:"看看这些勾。我就和你说了,这个老师教他,他肯定会学得越来越好!"我在心里想着,如果是我看到儿子的作业本上都是勾的话,我肯定会去质问老师到底教了我儿子什么东西,因为如果他的作业本上都是勾的话,说明老师教的东西对他来说毫无挑战性,他根本没有在学校学到新的东西。

我不是说我们的孩子应该只经历失败,或者说成功并不重要,但我们有必要在孩子的教育中避免这两个极端。

想成为一个成功的学者,需要具备多强的学习能力和其他关键能力?盖伊·克拉克斯顿(Guy Claxton)教授的学术作品和他称之为"构建学习能力"的方法对这一问题有十分深刻的阐释。盖伊·克拉克斯顿(Claxton,2002)认为构成学习能力的四种能力分别为:

适应能力——时刻准备好专心学习。
应变能力——时刻准备好不同的学习方法。

反思能力——时刻准备好反思学习情况。

互助学习能力——不仅能独自学习,也能和别人一起学习。

关于适应能力,克拉克斯顿认为毅力是至关重要的因素,他将其称为"忍耐力"。对于这个观点,我十分赞同。如果我是教师和班主任,我一定会用克拉克斯顿教授的理论来教育学生,但是要成功发展这四种能力,我认为还要加上一个条件——学生要有高度的自信心且不畏惧学习。

我们似乎经常能在报纸上看到学生因为考试没考好,觉得对不起朋友和父母而尝试自杀的悲剧。英国国家统计局发布的数据显示,至2001年,15—24岁的青少年中,超过40万人曾经尝试过自杀,这其中超过700人自杀成功,占比约6.7%。同时,令人十分不安的是,在将近60万的15—24岁的青少年中,8.9%的人有过自残行为。于是,越来越多的人将孩子的考试压力和精神健康问题联系在一起。

在2006年6月,《澳大利亚青年研究》(Youth Studies Australia)杂志发布的调查显示,澳大利亚维多利亚州的高三学生(16岁)中,20%的学生因为高考压力而考虑过自残和自杀,33%的学生极度抑郁,41%的学生感到焦虑。这类调查结果对我们来说并不陌生。青少年精神健康慈善组织"年轻的心灵"(Young Minds)曾报道,近年来他们接到的求助电话数量显著增加,从2008年至2009年的刚刚超过4 000次上升为2010年至2011年的超过6 300次。因考试压力而拨打的求助电话数量在同一时间上升了近15%。来自布里斯托尔(Bristol)的一位年轻女士格蕾丝这样说道:

自从我11岁参加小升初入学考试之后,我就因为想要考出好成绩而倍感压力。自此之后,随着我升入中学、大专以及今年九月份申请大学入学,我的压力与日俱增。一个月之后,我就要参加高校入学考试了,现在我每天都要花数小时在学习上。如果我没有花足够的时间和精力在学习上,我就难以放松自己,而且总觉得自己会失败,这是压力太大导致的。

然而反常的是,他们中的大部分人都是教师眼中的"好学生",他们从不犯错,会因为作业本上都是勾而被奖励,也是班级里少数能受到班主任表扬的人。但这些孩子和那些我们经常指责的"坏"孩子一样,因为我们的过度关注而受到了严重影响。他们从没有犯过错误,但他们遇到开放式的问题时却总是束手无策,因为他们固执地认为世上所有事情都可以用对错来区分。

教育不该只关乎对错,学习也不该只为了考试,因为学习比考试更重要。教育是否成功,不应该根据卷子上有几个勾来衡量,也不应该根据个人的学术造诣来衡量。成功的教育应该让孩子从挑战中享受乐趣,把握机遇,并且把犯错当作让自己成长的重要机会。

当你和那些在20世纪、21世纪有伟大成就的企业家谈论如何发家致富时,他们中的大多数人会告诉你,那些创业失败的经历给了他们最大的帮助,同时也为其日后的成功做了铺垫。许多风险投资家通过观察创业者生意失败之后的表现来选择合作伙伴,他们认为这是对创业者性格的考验,而不是在给他们贴标签。实际上,巴拉克·奥巴马(Barack Obama)的人生偶像亚伯拉罕·林肯(Abraham Lincoln)在他30岁之前创业失败了两次,在私人生活以及职业生涯中也有无数次失败和悲惨的经历,但他仍然成为美国最伟大的总统之一。林肯常常说,正因为他一直从失败中吸取教训,最后他才能找到成功的秘方。温斯顿·丘吉尔(Winston Churchill)也曾说:"成功就是即使不断失败,也从不失去热情。"

我最近拜读了英国草地网球协会（Lawn Tennis Association）的一个高级青年教练的一些观点。他针对英国网球遇到的难题以及近五十年一无所成的现状发表了自己的看法。近期，他们显然对这些问题进行了研究，因为随着时间的流逝，英国培养了世界上许多12岁以下最具天赋的网球选手，但在职业网坛却成果寥寥。研究中关于英国网球文化最显著的发现是，英国孩子会参加非常多的网球比赛，这促使英国网坛更关注年轻选手（这就像是我们的青年体育文化的一部分。你只要站在校际足球赛的球场边线，听着来自家长和教练的评论和谩骂，就能懂我的意思了）。于是，那些年轻的网球选手会从小接受训练，积累比赛经验，却不会去反思比赛中的失误，更不会去提升自己的战术，尤其是在失败之后。当他们到了心理上再也无法承受比赛的年纪时，自然就落后于其他网球选手，因为他们不像其他国家那些从小接受了技术和心理双重指导的网球选手，他们只是一直被灌输"我要赢"的想法。但这其中也有例外，安迪·穆雷（Andy Murray）在赢得2013年温布尔顿网球公开赛冠军之后，接受了娱乐体育节目电视网（ESPN）记者的采访，当被问到是如何在一年中做到缩小自己和对手之间的差距时，他说："我从我的对手身上获益匪浅，并且非常努力地训练。"

观看穆雷那场冠军之战是件非常有趣的事。过去在球场上，他常常会表现出不自信，会发脾气，会大叫，会对场边的家人和教练做鬼脸，通常在这种情况下，他都输了比赛。但当他遇到教练伊万·伦德尔（Ivan Lendell）之后，他在球场上展现了比以往更多的自控力，更集中于比赛，对比赛中的失误也有更清晰的理解，这是因为伊万·伦德尔是一个非常积极乐观的人，他的指导让穆雷能够重新认识并且不断提升自己。

我最近开始学习打高尔夫球，这真是一项非凡的运动。我的教练教我的第一件事是，尽管99%的时间我都有失误，但越是失误，就越要控制自己不要将棍子握得更紧,即使这是人对失误的自然反应。因为你握得越紧,失误会越多。这让我想到,教育学校里的小学生也应如此。我们的孩子想要表现好,所以他们会用尽一切方式展现自己。当他们失败的时候,就会越发努力,但讽刺的是,越努力,只会让他们越加走下坡路。我经常能在那些因为一次考试没考好就让自己陷入恶性循环的孩子身上发现这种现象。

学校、教室和学习在很多方面有点像赌场。不同的是,我们不是用钱而是用自尊在赌博。在学校里上的每节课就像俄罗斯转盘,教师就像转转盘和掷骰子的庄家。每当我们问孩子一个问题,给他们挑战机会,或者让他们好好学习的时候,我们都在让他们用自尊来赌博。现在有些孩子就像豪赌的人一样,他们会满怀自信地走进教室,他们有 90 个或者 100 个筹码,然而其他孩子只有一两个。当我们让孩子押红或黑、奇数或偶数的时候,那些筹码多的孩子会开心地扔出 20 个筹码,因为即使没押对,他们还剩下很多筹码,但是那些只有一两个筹码的孩子承受不起这样的赌注,所以他们只能退出,低着头,缩在角落里,只希望赌局快点结束,离开的时候最好还能有衣服穿。

更重要的是,随着孩子的成长和自我意识的逐渐形成,他们会越来越约束自己,手中的筹码也越来越少,越来越少的孩子愿意冒险参与赌局。直到他们成年,我们会发现同样的问题在职场上被放大,那些在做自己讨厌的工作的人逐渐感到被剥夺了自主权,但找不到去掌控、挑战和改变自己生活的方式。对我们来说,至关重要的事情是在孩子的成长过程中培养他们承受失败和接受挑战的能力,并且对失败和挑战都抱着积极的心态。要做到这点,我们要以自尊为所有学习和学校发展的核心,这样才能让孩子在成长过程中不断建立自尊。

这让我想到,有多少天才在传统教育模式中绽放了自己的光芒?

又有多少天赋异禀、具有创造力的人相信在学校学不到东西,因为学术不是他们的专长而摒弃了学校教育？从很多方面来看,我们的教育体系在教育孩子什么不能做方面是极好的,但无法帮助孩子发掘自己的专长。想到这些,我不禁觉得自己的固有观念受到了冲击。

5　学校为谁而设？

> 说到学校，我们都是这方面的专家，因为我们都曾是学生。于是，我们会根据自己的经历理所当然地认为学校就是我们想的那样。然而问题在于，学校不能一直沿袭过去的模式，因为无论那种模式有没有成功地培养出优秀的学生，教育都应该随着时代不断进步。建造学校必定是为未来做准备，所以，我们必须确保学校是为了教育孩子而设计的，而不是为了让我们缅怀过去。

我热爱教育事业，这是我做过的最棒的工作。我相信教师是一份光荣的职业，同时也肩负着巨大的责任。在我当教师的第一年，我班上9岁的男孩盖里（Gary）给我上了职业生涯中最重要的一课。他真的是一个了不起的孩子。他有阅读障碍和运动障碍，对他来说，读书是一项巨大的挑战。然而，他从未放弃。他的天性和他对生活的态度令所有人为之惊叹。我记得那年中期，学校决定为一个非常知名的儿童慈善组织进行募捐。在募捐的第一天，盖里就带着他的存钱罐来学校，那里面有着将近70英镑。他坚持要将这些钱全部捐出去。因为数额过于巨大，所以我们和他的母亲进行了确认。她准许了他的行为，因为这的确是他自己的意愿。这笔钱原本是他存着买玩具的，但是当他听到那些被资助的孩子的情况之后，他确信他们比自己更需要这笔钱。盖里真的是一个特别的孩子，他的乐观和韧劲让我们大多数人都感到羞愧。盖里长大后想从事体育休闲行业，因为他自己就是一个体育迷。因为他的残疾，盖里在学习上困难重重，但是他咬牙坚持着,最后拿到了相关资格证书。后来我听说他在经营一个体育中心。盖里凭借自己的韧劲、乐观、优秀的人际交往能力和强大的人格魅力获得了成功。在我班上的最后一天,他送了我一个小相框作为礼物。在相框的底部,刻着一行字:"教育影响着学生的一生。"那个小相框至今仍然被放在我办公室最显眼的位置。

不论新闻媒体和家长们怎么说,从事教育的人都是十分优秀且负责的,他们想让学生在自己的关怀下获得最好的教育。我不否认的确有些缺乏能力和判断力的教师,我甚至还遇到过一个更糟糕的教师。也不可否认,我们的确正处在教育行业的低潮。随着学校在儿童保育、社会医疗保障和教育发展这三个方面肩负的责任越来越重,中央政府对学校的干预不断升级,这不可避免地会引发更多的政策执行以响应政府号召,也会产生更多因数据而形成的责任链,这些都导致学校被过多地曝光在大众的视线中,由此承受了过多的压力。

1988年,政府推行了全国统一课程,作为教育改革法案的一部分。这一措施包括两个目标原则和四个主要目的。

- 目标原则1:课程应该以给所有小学生提供学习和获取知识的机会为目的。
- 目标原则2:课程应该以促进小学生精神、道德、社交和文化发展为目的,并让他们为未来的机遇、担负的责任和生活的历练做好准备。
- 目的1:确保政府在教育行业中的权利。
- 目的2:建立政府在教育行业中的标准。
- 目的3:促进学校间的连续一致性。
- 目的4:促进大众对学校的认识和理解。

全国统一课程的目的在于将不同学校的教学内容标准化,以此进行教学评估,然后通过分析每个学校的数据来制作排名表。这些排名表以及政府赋予家长的为孩子自由转校的权利，都是为了能让家长根据不同学校在全国统一课程方面的教学能力为孩子选择最好的学校，以此促进教育行业"自由竞争市场"的形成。

全国统一课程的推行解决了一个日益严重的问题——因为每位教师的能力和教学方法都不同，而且每所学校的教学内容也非常不一样，导致全国学生的学习经历千差万别，所以孩子们离开学校的时候都有着不同的知识和能力。政府想要创造一个新方法，能让全国各地的孩子都拥有相同的学习经历和平等的权利。全国统一课程分为不同的学科领域，包括英语、数学和科学，这些领域对我们来说都十分熟悉。每个学科领域的专家被要求制定自己所负责学科的教学内容和进度安排。但不幸的是，因为太过复杂和难以驾驭，全国统一课程的推行很难执行下去。

2000年，政府为了提高效率，对推行方法进行了修正。与此同时，为了在作为"核心课程"的英语和数学中强调对基本技能和标准的掌握，政府推行读写和计算策略。这些新策略的推行都是由从资格评定局（the Qualification Authority，简称QCA）彻底分立出来的两个新机构设计和管理的。新策略是在2003年推行的基本策略的保护伞下产生的，但仍然和全国统一课程的内容分开。这导致教育行业中出现了一段分裂、困惑和政治权利斗争的时期，进而阻碍了学校的发展。但关于这些政策和原则，仍有非常多的值得赞扬的地方，因为它们让教师第一次对教什么有了明确的了解，他们由此能够不断改进，形成具有逻辑性、循序渐进的教学方法，帮助孩子们形成之前不曾掌握的核心能力。例如，当我接受教师培训的时候，我学会了用螺旋式教学方法来教英语。我的一个非常厉害的讲师曾经坐在破旧的木椅上，点燃他手中的烟斗，然后在沉思中吐出一口烟，对我们说：想教好英语，就要确保孩子们在阅读和写作上做大量的练习，因为他们只有通过反复练习才能进步。噢，还要从一些优秀的教材中精挑细选一些练习给他们做。学校教育几乎是在一夜之间就被改变了。

我的第一份工作是在德比市的一所贫民区学校教书。我的搭档是一位有着超过30年教学经验的老教师——吉恩(为尊重隐私权,此处使用化名)。兽医会建议狗主人给上了年纪的老狗搭配一条小狗,因为这会让老狗重新充满活力,我一直嘲讽我们就像老狗和小狗,被学校搭配组合在一起。

但这位名叫吉恩的老教师似乎不需要我这个年轻的高手来帮她。她可能是我遇到过的最优雅的教师,是传统男性最爱的女性类型。吉恩走路的时候就像在跳舞。她从来不需要提高嗓门说话,因为我和孩子们发自内心地敬畏她。她曾教过班上每个孩子的父母、祖父母、阿姨、叔叔或表亲。吉恩和孩子们的关系非常好,所以他们都很爱上她的课。看她上课就像在欣赏一位艺术家在创作。吉恩的班级和我的班级就隔着一扇里门。在她隔壁上课是件令人沮丧的事情,因为来找她的孩子总会被她俘获,虽然都小声说着话,却一直在笑。而我的孩子们都只会用恳求的眼神看着我,希望我能像吉恩那样上课。吉恩的秘籍其实非常简单:她会带孩子们体验不一样的世界,带他们欣赏从未去过或者根本不会有机会去的地方。

每年,吉恩都会从暑假开始筹备工作,在长途旅行开始流行之前,她就会去一些让人惊叹的地方,那些充满异国风情和常人无法抵达的地方。她曾去过印度洋和加勒比海之间所有的港口。她一整年的工作都基于暑期的旅行,她的学生不会有很多数学作业,因为她本人不是很喜欢数学。

她一年的工作都会从神奇的幻灯片放映开始。她的丈夫是一位非常棒的业余摄影师,他会在新学期开始前的周日晚上挑选出旅行中拍摄的最具冲击力的照片。为了在第二天上午给期待已久的孩子们展示,他会将一张张照片做成幻灯片。对很多孩子来说,这是他们一年中最激动的时刻,也通常是我最郁闷的时刻。我的第一堂课通常是让孩子们写"这个暑假我做了什么",虽然大多数孩子在暑假中并没有做很多事情,但我还是会要求他们至少从四个方面来写,因为我习惯于追求高水准。但每当这时,通过那扇里门,我们都能听到隔壁传来像是看烟火时发出的热切欢呼声,好像幻灯片对他们施了魔法一样,而且这声音会越来越大。

那年,吉恩在展示她和她的丈夫去埃及的照片时,发生了一件很有趣的事情。放映一开始进行得非常顺利,直到我们突然听见隔壁爆发出一阵混乱的声音,然后门被突然打开。我看到吉恩蹒跚着走出来,整个人处于非常震惊的状态。当时,我脑子里有两个"我"在激烈地斗争,一个是工作上的我,在心里说"可怜的吉恩,我必须帮助她把班级控制住";另一个是生活中淘气的我,在心里嘲笑地想:"她也不是完美的。"

在我们和吉恩喝了一杯茶,对她进行了一番哄骗之后,从她的叙述中,我们总结出了这件影响她一生的事件的始末。在展示的前一天,吉恩和她的丈夫回去参加了家庭聚会,聚会比预期结束得晚,所以她丈夫没有时间为第二天的展示挑选图片和制作幻灯片。但吉恩以为丈夫准备好了幻灯片,第二天一早带着电脑就出发了。那天,我们对吉恩有了一番新的认识。我不知道他们为什么要这样做,也许是为了让婚姻保持新鲜感,但是吉恩的丈夫给上身赤裸的她在他们旅行中的标志性背景前拍的照片真的很棒,非常富有艺术气息。

吉恩的人生自此之后变得完全不同,我的生活也随之改变了。从那之后,我总是提前备课,特别是会提前准备好我的会议 PPT。

撇开这场课堂事故不说,吉恩和那个时期的许多教师一样,视学生为他们工作的全部。他们希望学生在课堂上学到丰富多样的知识。但是随着全国统一课程的推行,这一点已经很难做到了。

过去的教学方法远不够完美。事实上,随着全国统一课程的推行,那些教学方法中的许多方面受到指责,政府甚至想要根除它们。比如说,吉恩选择暑期去旅游是因为她自己喜欢,她也不一定开阔了孩子们的眼界,因为她分享给孩子们的这些经历都是从她个人角度出发的。

有些人争论说,吉恩那个年代的教育制度甚至将教师放在第一位,而孩子只是第二位。吉恩教给孩子的东西是她最喜欢的,孩子们当然会喜欢,但是,对很多孩子来说,他们喜欢这些是因为这些让他们能够暂时逃离现实生活。这并不会对孩子们造成什么影响,因为这样的生活对他们来说仍然太过遥远,尽管这的确是让人向往的生活方式。吉恩真的是在根据孩子们的需求进行教学吗?真的考虑过为他们的未来做准备吗?真正讽刺的是,无论如何,教育体系都已经将重心从孩子们身上移开了。教育政策更多的是被教学方法和狭隘的学术成果驱动着。负责学校教育的政府部门都在以保护主义和内省法为主要方法管理学校,因为他们对我们的孩子和学校目前面对的挑战的理解太过天真,甚至根本没有理解。

可以说,直到2010年普选之前,英国有太多的政府代办机构(半官方机构)就像只雇用工会员工的企业一样,一直都在雇用同一批人。他们每个人都有自己的观点和议程表。就像这么多的公共部门一样,层层官僚机构和太多分散的团体在管理教育行业,所有的机构和团体都希望被关注、重视,被放在首位。这导致了一个最关键的问题,那就是孩子们往往会被忽略。很多公司花了几年的时间精简部门结构,让每个部门能够运作得更灵活,因为今后的商业世界需要的是能够针对行情快速应变的公司,但最重要的还是要把客户放在公司发展的中心。在2010年的普选之后,英国新政府几乎关闭了所有的半官方机构,从表面上看,这可能是件好事。但他们也几乎是在一夜之间否定了现行的课程制度,即使这些课程在两三年的实施中一直致力于让孩子更有创造力,更自由地学习。政府的否定让坐在办公室里的官员又犯难了,但这也同时体现了政府希望机构之间可以一起协作,和专家一起将教育界的重心重新放到年轻人的需求上。新政府像其他所有新上任的政府一样,将方方面面都梳理了一遍,希望能够做出自己的成绩,宣示自己的统治权力。

从 2010 年起,政府开始计划新的全国统一课程体制。新的体制虽然较以往会精简一些,但是会在体现现任政府思想的基础上更加遵循传统。政府通过设立更多脱离当地政府管辖的学校来彻底改变学校管理与所有权的体系及结构。在我修订本书的时候,政府正好在推行一项新政策,它希望所有的学校能够延长学生的在校时间,以此减轻父母的负担,这和之前政府推行的政策没有什么区别,不过是改了个名字罢了。

我强调这些事情的原因在于,不论哪个政党执政,政府在政治上和思想上都有控制欲,所以很多事情都是由政府直接决策。然而政府应该亲民,要在民意调查和清楚了解选民需求的基础之上逐步完善政策。政策都有时效性和针对性,政府几乎不会用长远的眼光来看待我们孩子的教育问题。最让我感到气愤的是,政客们在作出决策之前,都不会花足够多的时间去仔细思考,但我们的孩子却要花至少 13 年才能走完这条学习之路。

几年前,我受邀在一场于巴基斯坦拉合尔举行的教育会议上发言。这是一个美到让人目瞪口呆的国家,那里的人非常热情。我只希望当人们在几年后读到这本书的时候,巴基斯坦的问题已经得到解决,人们能够有机会去游览一下这个美丽的地方。这项活动是由世界上最大的私立教育提供方——灯塔机构——主办的。这个机构创立的背后有着非常不寻常的故事。卡苏里(Kasuri)夫人是一位非常具有影响力的女士,她在 40 年前组建家庭时就决定要让自己的孩子接受不一样的教育,而且是那个时候在拉合尔接受不到的教育。卡苏里夫人的这个想法是灯塔机构创立的原因之一。她想要让孩子从小接受不一样的教育,这样他们长大之后才能成为不论走到哪里都能有所成就的国际公民。自学之后,她在自己的客厅里创立了一所学校。她邀请朋友的孩子来和自己的孩子一起上课,学校的规模也飞速扩大。我们必须知道,尽管我们现在一直在讨论国际公民,但40年前,我们中绝大多数人都不了解这个概念!她的学校在不断壮大,但她从未忘记过初心,在后来的几年中,学校的影响力渐渐超出了巴基斯坦,扩散到了中东,甚至英国。学校现在用最初的核心理念教育着成百上千的年轻人。对此,我们需要了解以下两点:第一点是卡苏里夫人本人及其家庭在运营这个机构的过程中付出的勇气和作出的奉献,以及卡苏里夫人的人生哲学。第二点是,他们在政治、社会以及宗教上动乱频发和险阻重重的情况下,坚持将灯塔机构传承下来,直到今日。当你问她是什么让她坚持了下来,她会非常肯定地回答道:"孩子,一切都是为了孩子。"

相反,我参观过世界各地很多学校,这些学校因为诸多原因不能将孩子的需求放在第一位。很多校长和政府机构因为层层的监管部门而承受了很多压力,为了自保,他们不得不花时间让大家都开心,这里的"大家"包括地方政府、学校促进伙伴、教育标准局,以及希望学校能拓展儿童保健范围的中央政府,多部门儿童保护中心,财务部等下属部门,希望能够有更好的工作环境和工作生活平衡的教师和教师工会,还有那些希望学校能将教师的舒适度放在首位的教师。我曾和一些反对教育改革的教师一起共事过,他们喜欢一切都"顺其自然"。正因为学校有如此多的方面需要考虑,所以孩子成了最大的牺牲品,成了最不受关注的对象。我们所有人都必须记住,我们的客户和顾客是我们的孩子。即使是不怎么受政府和机构控制的学校——私立学校、专科院校、免费学校或特许学校,也不会把孩子当作客户去认真对待,通常都是其他因素在主导学校的运作。我调查研究了一些知名私立学校,这些学校有非常出色的资源,因为它们的员工对工作充满激情,也因为学校对自身有着非常明确的定位和目标,所以它们才会因为那些想要把最好的都给孩子的家长的教育需求而感到有压力。但这些压力是基于学校自身的经验,而不是基于那些意识到要通过教育改革来确保孩子学到正确的知识的教育专家提供的意见。许多人因为教育行业而感到懊恼和沮丧不仅仅是因为那些公立学校。

在过去的几年中,全世界的教育学者对我们的学习方式和大脑的运作方式以及儿童发育有了更多的认识,所以他们发现了正在不断压垮我们教育体系的那些弊端。包括霍华德·加德纳(Howard Gardner)和盖伊·克拉克斯顿在内的专家团队已经在根据脑科学研究探索新的策略和方法,以应对教育体系中的问题,这意味着我们即将将教育的艺术上升到一个新的境界。我们逐渐意识到所谓教育体系中的弊端就是其自身。

一些在英国国内排名表中位于前列的学校正在让我们的小学生接受最差的教育。这些学校深陷在一种固定思维——不容许失败——中出不来,这种思维随着每年的考试和排名不断根深蒂固,所有学校都沉迷于保持排名前列和追求更高的排名。家长也不断被灌输一种思想,即排名越靠前,学校越好。我参观过很多这类排名前列的学校,发现那里的孩子完全是被教师和学校逼着学习,特别是小学升初中的最后一年,10—11岁的孩子花一个又一个小时、一天又一天的时间去不断完善他们的答题技巧,以为学校创造高分。我们到底让我们的孩子在学校学到了什么?

英国政府在2008年取消了初中升高中的考试,因为政府意识到考试限制了学校给学生提供有意义的学习体验的能力,限制了学校不断创新教育方法的能力,最重要的一点是,学校不能将重点放在每个学生的需求上。但令人心酸的是，政府似乎没有考虑我们11岁的孩子们，保留了小学升初中的考试。在当今政府的观念中，考试是教育中最重要的因素。教育部长迈克尔·戈夫（Michael Gove）也曾强调过这一点，他说考试无论从哪方面来看都是至关重要的，它是激励学生认真学习的最主要的动力。这简直是对学生的一种控诉！关键在于所有学校必须负起责任，它们必须保证家长能够全方位且准确地了解孩子在学校所取得的进步。学校完全可以做到这一点，大多数学校有着复杂的内部考核制度和追踪体系，这些体系在20世纪90年代是十分罕见的。责任感已经成为所有政策的核心，这才是政府和考试制度面临的真正问题。学校就喜欢用数据让家长了解孩子在学校的表现情况。但是不断产生数据并不能让教育体系更有教育意义，更具权威性，学校教育的质量在于教育的过程，而不是最后的成绩。所以，很多政策都不是基于教育价值，而是基于学校教育质量的虚饰。有多少10岁的孩子在10年后回想起他们的小学时光，会喜欢他们那个时候参加的读写能力考试？可悲的是，学校非常清楚自己在做什么，也觉得被教育体系束缚，却不采取任何措施。在五月底的考试结束之后，这些从一个模子里塑造出来的孩子将要接受的是真正的教育，这对他们来说是十分宝贵的经历，因为他们能在这段时间里增长自己的学识并且成长起来。我们必须探索我们灵魂的深处，找回我们的道德责任感。我们必须扪心自问：为什么我们要做这些事情？我们做这些是为了什么？有没有更好的方法？

我相信作为校方、教育者和家长，我们的职责是帮助孩子全面发展，那样他们才能发挥自己的潜力，长大后才能作为一个成功的公民为世界作出伟大的贡献。这不是在利用孩子去实现我们自己的梦想，或者去弥补我们的不足。虽然我不得不承认一定程度上的确是带着炫耀的意图：我在前文提到过我女儿现在在小学是拼写四班的成员，这个班是只有拼写最棒的孩子才能进！光是这点就能让我在校门口等孩子放学的时候高昂着头。我会问我女儿其他孩子进的是哪个班，当我知道他们不是四班的时候，我会给那些孩子和他们的家长一个真挚的微笑，像是在对他们说："虽然我知道你儿子或者女儿很可爱，但他/她终究不是四班的。"我女儿的拼写水平是怎么达到这个高度的呢？每个星期，教师都会布置20个单词，让她去学习它们的拼写，每周五都会有拼写测验。那些长到让人惊叹的单词完全超出了她日常会用的词汇范围，我甚至觉得这些单词只有在她将来进了牛津大学，要写博士论文的时候才可能用到。她要在一周内学会这些单词的拼写。实际上，在她完全掌握这些单词的拼写之前，我不会允许她吃饭。所以，每周五她都会在测验中取得满分，教师会奖励她一张笑脸贴纸，然后她会带着胜利的喜悦回到家中。到了下一个周一，她会把那些单词全忘光，因为她有了新的障碍要去跨越。那这些拼写测验是为了谁呢？我不确定这些测试是不是真的会给我女儿今后的生活带来机遇。但是，的确会有家长来找我抱怨教师给他们孩子布置的单词拼写不够长，不够复杂！

整个问题里还有至关重要的一部分。我们的孩子清楚地知道读书是为了什么，读书好的人都是会玩游戏的人。读书就像跨栏，谁第一个跨过去，谁就成功了。他们必须掌握拼写和乘法表，必须在考试中取得体面的成绩，写的文章一定要能得到教师的肯定和表扬。下次你的孩子告诉你他在学校写了文章的时候，你要问他为什么要写文章。你可能会听到一个空泛的答案。但如果你足够幸运的话，能听到他们说"因为这就是我们星期五上午的任务"；然后你再问他们写的文章有没有得到教师的表扬，如果他们回答说"还可以吧"，你就接着问他们"你怎么知道还可以"。他们可能会回答你"因为我得到了贴纸"。难道写文章不应该是为了创造快乐、紧张和兴奋，从而心情愉悦吗？难道我们不懂得要根据教师在读完我们的文章之后的反应,比如说笑了、哭了或感到害怕,来判断我们的文章写得好不好吗?很多孩子把学习当作大人设置给他们的一系列挑战,大人希望他们做的只是考试不要挂科罢了。这样说来,那么多孩子早早地选择辍学也就不足为奇了。

6　我们应该教什么?

> 是时候进行教育改革了。抛开我们的自尊和自以为是的智慧,试着去寻找一个能培养出真正的人才的教育模式。现在我们提出的观点和担忧都是有理有据的。孩子们需要的是能开拓思维,能为他们带去更多成功的机会和方法的学习体验。但事实上,根本就没有一个最完美的教育模式,适合每个孩子的教育方法都不同,我们也无法评判这些方法孰对孰错。

纵观整个近现代教育的历史,关于"学习是为了什么"有过激烈的辩论。一方认为学校教育是为了知识的积累,在学校学到的知识能激发孩子们对更多知识的渴望和探索,然后促使他们进一步深造。这种传统派的观点认为知识就是力量,智商是学习能力的先决条件,一个人有了智商和知识才能最终获得成功。这种观点显然是把学校视为一个知识至上的王国。

而作为改革派的另一方认为,尽管获取知识是学习过程的一部分,但这不是学习的目的,而是不断完善知识体系的成果。他们认为学习者成功的关键是提升和磨炼尖子生应具备的能力。学校的作用则在于帮助孩子们做好准备去迎接生活中将要遇到的无数问题。孩子们学习的课程应该被视为一种拓展体验,他们在学校接受教育的每时每刻都包含这样的体验。所以,课程安排不应该被时间表和课程要求限制住。(有人认为唯一有效的学习方法是在教室里整整齐齐地坐着,面对老师上一节持续一个小时的课程,这真是一个有趣的想法。)

当然，渊博的学识或者说良好的教育的确是建立在获得信息、经验和技术的基础上。这也就意味着知识本身是固定有限的，它仅仅是对事实和信息的积累。如果获得的知识不能激发学习者的兴趣和共鸣，那说明所获知识还远远不够，这些知识通常过段时间就会被遗忘。换句话说，如果我们的基本技能——比如阅读能力、写作能力和计算能力——不够扎实，我们就会发现要做到树立信念、拓展思路、深度学习和提升认知能力是非常困难的。

金·韦森特(Kim Vicente)和基恩斯·拉斯姆森(Jens Rasmussen)于19世纪80年代后期和90年代初期在丹麦发表的作品很好地呈现了技术、知识与认知的完美结合，他们在研究人类行为模式的图书《生态界面设计》(Ecological Interface Design)中提出了技能、规则、知识准则(又称SRK准则)。拉斯姆森(Rasmussen, 1983)于1983年推行这项准则并以此来定义构成人类认知能力的特定元素，指出有三种途径可以吸收和理解信息。

基于技能的：基于技能的行为是指一旦掌握技能就能自发完成的行为。例如，骑自行车就是一种基于技能的行为，一旦掌握技巧，骑车就变得很简单。

基于规则的：基于规则的行为的特点是在一个熟悉的工作环境中，遵循规则和程序去决定采取什么行动。规则可以由经验得来，也可以是那些有前车之鉴的人和指导者制定的行动指南。人们遵循规则行动的时候不必知道那些基本规则。例如，医院有着完备的消防应急指南。因此，一个人一旦发现了火情，即使他对如何处理火灾情况一无所知，也可以依据指南提供的步骤来确保患者的安全。

基于知识的：基于知识的行为代表着更理性的行为。当预料之外的情况发生的时候，必须具备控制能力。想要具备这样的控制能力,就要知道这个社会运转的基本原理和规律,因为人们需要基于现有的社会观来形成自己明确的目标。比起基于技能和规则的行为,实施基于知识的行为对人的认知能力要求更高。(pp.257-266)

尽管这个准则是复杂且充满争议的研究的成果,但它仍然为解决一个僵持已久且难以解决的问题提供了帮助,这个问题便是人们认为技能是一种功能,一旦掌握就能自然运用到生活中。以走路为例,走路这种行为自身不能够促使一个人去做更多的事,去发现更多事物或者获得更多知识,但它是必须掌握的技能。所以,依据自己的常识,我们就能知道在人行道上或者步行区里走路比在大马路上走路更安全。我们现在可以自如地运用走这项技能,但我们不过是在走罢了。只有加上最关键的知识时,我们的行为才能达到真正的效果,因为这个时候我们能根据记忆中的沿路标志和路径知道要从哪条路到达彼岸。我们掌握的技术、规则和知识可以帮助我们开发思维,不断创造新的体验,这些体验可以驱使我们不断前进。

说实话,这三个方法少了任何一个都达不到效果,甚至可以说毫无意义。当我第一次接触拉斯姆森理论的时候,让我震惊的是那些最传统的学校根本没有在技术和知识的基础上教导学生,而是以规则为基础。小学生学到的是规则,是跟着指令走,是成功和失败的准则,然后机械地学习。我看到太多的孩子在这样学习,事实上是教师在这样教育他们。因此,真正的挑战和最主要的论点是,学校应该把平衡点和重点放在哪里,我们又应该如何在教育上发展和落实这三个方法。

1999年,英国皇家艺术学会(The Royal Society)为21世纪制定了一个新的课程计划,即"头脑开发课程计划"(The Opening Minds

New Curriculum)。这是为了呼应当时经过调整后仍太过规范详细的全国统一课程而制定的。英国皇家艺术学会认为全国统一课程不能满足21世纪的孩子的需求,因为它依然像维多利亚时期一样过分追求知识的积累。不幸的是,英国皇家艺术学会的课程计划由于各方面的原因而被忽视,但计划本身仍相当重要而且极具价值。

英国皇家艺术学会的课程计划是专为11—16岁孩子设计的。然而,随着人们对无知的公务员推动政府议程的行为的嘲笑和鄙夷,大众认为该计划缺乏可信度。因此,该计划被搁置了许多年,一直停留在英国皇家艺术学会的网页上。我在2002年发现了这个计划,这应归功于当时我和创新组织一起合作的项目。这是个非常令人深思的计划,而且比以往任何一项计划都更能引起巨大的共鸣。它论证和展示了现行的课程计划太过追求知识的积累,却没能提升我们的年轻人在成年后茁壮成长所需的重要技能水平。技能的提升是包括了很多部分的全面发展,不只是学习技能,还有处理复杂数据的能力和最重要的理财能力。有趣的是,这个计划在2003年的《每个孩子都重要》(Every Child Matters)发行后逐渐被人们采纳,因为很多学校发现了这个计划的现实意义从而开始使用这个计划。该网站忙着进行典型案例分析。吉姆·罗斯(Jim Rose)爵士于2009年递交给英国政府的报告中,提到了关于初级课程的改革问题;他还建议政府部门与英国皇家艺术学会进行密切的合作,从而推广以技术能力培养为重点的新的课程机制。

英国皇家艺术学会关于课程计划的观点同时反映在《我们所有的未来》(All Our Futures)的调查报告中,这些观点是政府对教育、就业和创造力的重要性进行调查后的结果。一个由教育、科学、艺术和工业领域的权威专家组成的专家组发布了这份报告,该报告的委员会主席肯·罗宾逊爵士于1999年上任。这份报告认为孩子的创造力和艺术性需要通过他们所学的课程来提高，同时监督机制和教师培训机制应该更重视孩子的技能和能力提升，这样做是出于对给所有孩子的创造过程一个明确的发展方向的考虑。当时的国家教育和就业部长戴维·布朗奇（David Blunkett）对报告中的一些细节问题作出了回应，这调动了群众对发展音乐教育和创意伙伴的积极性，增强了凝聚力。然而，报告关于课程、评估、教师培训和监督的主要建议仍然有一部分受到忽视，也许是由于没有把握一个好时机发表这篇报告，因为那个时候教育部刚刚完成对国家统一课程的重大审议；也许是因为这些建议在政治上太具挑战性。重要的是专家仍然认为《我们所有的未来》的调查报告是对未来学校教育设想的重要评论罢了。有趣的是，人们被调动起来的积极性和增强的凝聚力大多是通过文化部门、传媒部门和体育部门表现出来，而不是教育部门。政府似乎能够将培养我们创造力潜力的技术、能力和经验与他们认为的明确的教育重点区分开来，这一事实让人担忧，但从某种程度上说，这与拉斯姆森理论相符合，同时表明教育体系是根据基于规则的层次划定的。

几年前，我读过卡洛琳·塔加特（Caroline Taggart）的著作《我曾懂得的知识》（*I Used to Know That*）。这本书里写的都是我们读书时努力学习和记忆过的知识。作者在"前言"中写到，她已经忘了这本书中至少90%的知识。我对此感到十分吃惊，因为作为一个成功的作家、编辑和出版商，她真的很出色！

看来，这场知识与技术对抗的辩论反映出的最大问题之一是人们对"知识"（knowledge）这个词没有清晰的理解。很显然，拉斯姆森并没有将知识看作静止的，或是一系列的事实和信息的整合。作为一个术语，"知识"有着复杂的历史，柏拉图、亚里士多德和笛卡尔等大师们一直在思考如何定义该术语。对我来说，最清晰的定义是（Fletcher，2002）：

知识在逐步发展。至今，我们可能仍认为知识是社会对外界明确信息的累积，会被个体的领悟力所影响，而个体会运用自己所学的知识或者和他人一起协作去调控、融入自身的环境。

知识显然不是固定的实体，知识的积累靠的是那些能帮助处理信息和经验的技术和智慧，借鉴先前的背景，然后带着质疑的精神从信息和经验中学到新的知识。举例来说，安妮·博林（Anne Boleyn）于1536年5月19日被处死，大多数人都曾对这个事件感兴趣。但如果一个人想要真正了解这个事件，他必须先了解事件的前因后果和其被处死的原因，然后用自己的领悟力对获得的信息进行分析，遂而对事件形成自己的观点。当然，要想了解一个事件，不仅要对事件的信息进行整理，还要有基本的知识和领悟力。此外，重要的是首先要对事件感兴趣，这就意味着上述这些要素缺一不可。

围绕课程计划的内容和现实性的关键问题之一是人们对我们应该在什么时候教孩子什么东西有着激烈的争论。之后，我们在激烈且情绪化的争吵中结束了关于孩子应该学什么，应该重点记忆什么的话题。最后，我们在报纸的头条中看到孩子们不会再学习关于丘吉尔的知识，也不再需要记住第一次世界大战爆发的时间。因为孩子们对于这些知识不应该仅仅止于"了解"，这样的"了解"不是知识的获取和积累。我们想要孩子做的是对这样一个伟大领袖能有深刻的见解，让他们知道丘吉尔是如何通过领导协约国展现自己的领袖风范。如果我们太执着于让孩子记住知识而不是去理解知识，那么我们的教育体系只会不断培养出像卡洛琳·塔加特一样早已忘记在学校所学知识的人。事实上，获取知识的确需要高超的技巧。

学校里最受欢迎的科技设计课程之一就是四驱车的设计和拼装。举办这种适应性强的活动的好处就在于它适合任何主题的教学,而且需要的基本材料都是一样的。就像参加"蓝色彼得"(Blue Peter)挑战赛一样,需要的材料十分便宜且多是日常生活中用剩的废品,例如纸片、旧的棉线轴、胶水和一些木钉。一旦掌握了设计和拼装技巧,四驱车就可以变成古罗马的马车、斯图亚特王朝时期的手推木车或者吉普赛篷车。这是孩子们偏爱的课程之一,教师也通常会在家长会前一个月就开始准备这一课程,因为做出来的成果很适合在家长会上展示。

这门课程从教师深入解析如何设计和拼装四驱车(现在的例子是月球探险车)开始,包括使用什么连接技术和如何确保迷你钢锯切到的是木头而不是手。教师会花一个小时给孩子们展示如何切割木头,如何把木头拼接起来,以及如何给四驱车上色,让四驱车变得有模有样。这个时候,孩子们都会对教师的熟练技巧和动手能力感到惊叹。

在花了一个小时进行展示和解释之后,教师已经可以让孩子们自己动手制作四驱车了。这样的课程通常只会在某个下午持续几个小时,因为这种混乱的情况大多数教师一周只能承受一次,所以一次性完成四驱车的制作对教师来说是最好的选择。在让孩子们休息15分钟前,教师为了锻炼孩子们的团队协作能力,会安排孩子们以四人一组的形式进行制作。所以,在休息时间开始之前的2分钟内,教师会将安排告诉孩子们,为了不耽误他们去操场,会抓紧时间问他们:"我们怎样才能让团队的力量发挥到最大?"孩子们会自豪地举起双手,也许一个叫小乔希的孩子会起身回答道:"我们要轮流发言,这样每个人都能有机会发表自己的意见,也不会乱哄哄的。"得到满意的回答之后,教师就让孩子们去休息,他们回来之后就可以继续完成四驱车的制作。

制作四驱车不仅有趣而且富有教育意义,但是学会了制作四驱车,懂得了如何进行团队协作或者能应用学到的技术去制作别的东西，这三点中哪一点对我们孩子的未来有着重要意义呢？要学会如何在一个效率高的团队中工作，需要十分复杂的技巧，而且要花很多时间去实践。我们必须知道自身的优劣势，善于寻找自己和其他人的共同点，懂得如何让一个优秀的团队充满活力以及如何最充分地发挥每个人的长处。比如，一个团队中健谈的孩子通常推动着团队向前，执着于细节的孩子通常善于提问，喜欢团队合作的孩子通常为团队制定计划以保证团队走在正轨上。

国家统一课程没有将重点放在培养孩子的技能方面，这在根本上是在掩盖他们的天赋。这也就导致了孩子大部分的潜能被我们忽视，孩子的技能培养被视作学习的副产品。试想如果课程的重心能放在孩子的生活技能和学习技能的培养上，并且通过分享思想和信息为孩子提供经验，那么孩子就能从课程中学到大量宝贵的知识。

现今的教育体系太执着于成绩。教育界通过学生的成绩而不是他们接受教育的过程来评判教育机构的好坏。作为政府的督导团，英国教育标准局（Ofsted）在成立多年后效率已经越来越高，评审标准也越来越简单明了，并且所有决策几乎完全基于学术数据。这是工业发展中提高操作效率的典型做法，目的在于提高效率，却也导致了19世纪和20世纪末期的工业爆炸。所以，接受教育的过程对成绩来说变成了次要因素，在孩子们吸收能力的最佳时期却没有时间让他们去提高学习能力。政府的疏于管理导致了教育机构习惯用狭隘且一成不变的方法去教育孩子，保守的教育方法不仅限制了孩子的发展方向，而且形成了现今由于无法与时俱进而陷入困境的教育体系。我们所知道的培养孩子的方法恰恰不适用于这种以成绩区分"懂"和"不懂"的教育体系。

我们现在深处于有史以来最大的金融危机中，这场金融危机将彻底改变工作的性质和资本主义。很多专家相信西方国家未来将会迎来创业的高峰期，我是从一些英国最成功的商人口中听到这样的观点,这其中也包括理查德·布朗森(Richard Branson),他于2009年在约翰内斯堡(Johannesburg)发表的演讲中表达了该观点。伟大的思想不是在教室中产生的,不管是企业家还是科学家、艺术家或运动员,他们的成功都是由思维模式、态度和活力决定的。

试想一下阿尔伯特·爱因斯坦(Albert Einstein),我们中的大多数人都把爱因斯坦当作天才,但是他并没有从小就展现出过人的天赋。爱因斯坦直到4岁才学会说话,7岁才学会认字,所以他的家长和老师都觉得他有智力残障,不仅反应迟缓,而且反社会。最后,他被学校开除了,之后又被苏黎世理工学院拒之门外。爱因斯坦的起步可能有点慢,但是没有人会否认他是个天才,因为他不仅赢得了诺贝尔奖,而且改变了近代物理学的发展进程。艾萨克·牛顿(Isaac Newton)毫无疑问是数学界的天才,但是他在早期也经历了许多失败。他在学校从来不是表现最突出的,而且在经营家族农场的时候遭遇了惨痛的失败,随后他的叔叔接手了农场,并且把他送到了剑桥大学,他最终在那里展现了自己的光芒,取得了我们如今所称道的成就。托马斯·爱迪生(Thomas Edison)的老师曾说他"太笨了,什么都学不会";爱迪生还因为工作效率不够高而丢了两份工作。即使作为一个发明家,爱迪生在发明电灯泡前也失败了近千次。当然,正是因为有了这些失败的尝试,才有了他最后的成功。在介绍了以上几位放到现在就是拉低学校成绩、威胁那些好教师和优秀学校的地位的伟人之后,不得不提的一个人就是丘吉尔。丘吉尔作为诺贝尔奖获得者和传统教育模式的拥护者,曾两次竞选成为英国首相;他也是带领英国度过最灰暗的"二战"时期并迎来最后成功的伟人。但丘吉尔的人生并不是我们现在所想的那样一帆风顺,尤其是在上那个非常名贵的私立学校的时候,因为总是考试不及格,他学得很辛苦。毕业之后,他经历了多年的政治失败,每一次公职选举都落选,最终在62岁的时候,成为英国首相。

只有当你有能力运用信息去拓展人生道路和积累知识的时候,信息才是有用的武器。同样,只有在知识对你和你的人生来说很重要的时候,知识才是有用的武器,否则,知识只不过是一些信息的累积罢了。从理论上来说,如果未来我们的教育体系还不进行改革的话,我们的孩子可能会在当地酒吧的知识竞赛上获得第一名,但是无法成为我们需要的革新者、领导者和充满创意的人。我们需要一个能够提供优秀人才的教育体系;我们的教育模式要超越拉斯姆森基于规则的层次,这样才能使我们的孩子明确地将技术和相关知识结合起来,在有了进一步发展事业和不断学习的欲望之后,将学到的知识应用到实践中。没有引领人类进行宇宙探索的创新思维、创造力以及应用技术的能力,月球探险车终究也是毫无价值的。

7　学习真正重要的东西

> 真正优秀的学校不是储存知识的地方，更不是为了保护知识而只允许被挑选的人进入的地方，而是一个汇集所有知识，让所有人都能去学习、探索的三角洲。

不论我们喜欢与否，世界都在不断变化，我们的孩子也是如此。在这些变化中，最根本的变化在于人们借助大众媒体，开始更加了解这个世界。但变化带来的并不全是好事，事实上，人们内心有了更多的担忧。最令人遗憾的是，很大程度上孩子们的童年似乎消失了。我们的孩子比我们这一代甚至我们的先辈都更了解这个世界。他们有着比我们更先进的渠道去积累各方面的知识和经验，这些知识和经验通常是我们这一代人完全成年独立之后才能积累起来的。而且他们的收入也比我们高多了，这也是那些雇用我们孩子的广告公司和企业最在意的一点，因为他们要给职员较过去更高的工资。

每个人小时候都想长大，我们的孩子也是如此，所以他们会通过模仿偶像的行为来展现自己的成熟。对我这一代人来说，会抽烟或者能喝点酒就是成人的标志。因为媒体的行业趋势和技术的不断发展而形成的问题十分严峻，但我们都知道我们已经没有退路，潘多拉的魔盒一旦打开，就不可能再关上。我们无法忽视世界的飞速发展，更无法隐藏这些正在发生的变化。如果我们这么做了，我们将树立新的禁忌，然而我们都知道，对这些年轻人来说，没有比挑战成人规定的禁忌更吸引人的事情了。

在成人的社会,我们更关心的是媒体接触对孩子们造成的影响,但有时候我们对孩子们关心过头了。甚至连英国首相戴维·卡梅隆(David Cameron)都曾在 2013 年 1 月的演讲中说道:"如果你问英国的孩子将来想做什么,他们的回答都将是明星或者足球选手。"然而,近期的调查显示,事实并不仅仅如此。2013 年发表的两份具有说服力的调查报告显示,孩子们各有特点,而且他们的志向也完全不同。来自英国的母婴品牌"好孩子好妈咪"(Mothercare)和"救助儿童会"(Save the Children)合作发布了一项有关英国 12 岁以下儿童将来想从事的职业的调查结果,排在前十位的职业及比例为:

- 医生(9%);
- 足球选手(8%);
- 教师(8%);
- 舞者(6%);
- 警务人员(5%);
- 消防员(4%);
- 科学家(4%);
- 音乐家(4%);
- 演员(2%);
- 护士(2%)。

《英国思维》(*BritainThinks*)2013 年 7 月发表的有关 14—19 岁英国青少年的调查报告可能更具说服力。该报告显示,仅 1% 的调查对象想要拥有自己的设计品牌,仅 6% 的调查对象想要出名或者上电视;70% 的调查对象仅仅想要一份自己喜爱的工作,而这其中,61% 的青少年认为只有努力工作才能出人头地。

在我看来,很荣幸我所认识的大多数年轻人都是有思想、有同情心、有道德的公民。然而,我们仍不能忽视外界带给年轻一代的影响。用口头教导的方式让他们不要受外界影响,让他们意识到自己还太年轻显然是不可能的。我们必须采取更有效的方法让他们知道自己即将踏入的世界是很残酷的。然而，成人的世界虽然充满危险，但也能带来丰富的经验，如果能好好利用这些经验和教训，就能将孩子的学习和发展提升到新的高度。作为教育者和家长，我们的职责是努力找到积极的方法，不仅帮助孩子为未来的危机做准备，而且让他们设身处地考虑自己的未来。

在学校里，我们忽视了现代社会的危害，只会在嘴上说说不断出现的有趣的小发明和计算机技术的飞速发展。我们一直都在逼孩子们踏入校门的同时放弃自己的兴趣爱好和想法。社会各界都希望我们能通过推行传统的课程让孩子们知道自己错在哪儿，知道那些兴趣爱好都是徒劳无用的。作为教育咨询公司阿利特（ALITE）的创始人以及儿童教育发展和媒介文化方面的世界杰出专家之一，阿利斯泰尔·史密斯（Alistair Smith）曾说过一段非常有名的话，这段话很好地说明了我们正面临的问题。这段话来自 2005 年发行的《每日邮报》（*Daily Mail*）中的一篇文章。这篇文章痛斥了一些学校在普通中等教育课程中加入大众传媒学的科目，却在高中课程中过分强调传统英国文学课程的行为。这篇文章的作者是萨拉·哈里斯（Sara Harris），文章中有引用当时的《地道英语》（*Campaign Real English*）主编尼克·西顿（Nick Seaton）的一句话：

> 媒体研究课程无疑是一次试水，这是为了更贴近年轻人的生活，引起学生的学习兴趣而设计的课程，但它并不能给学生将来的生活带来很大的帮助。传统的知识才是获得成功的关键。

"School Axe English Lit for Soft Media Studies", *Daily Mail*, 12 June 2005

难道米老鼠不是 20 世纪和 21 世纪公认的最受欢迎的品牌形象

基础技能仍然是一个重要基石

之一吗？说实话，现在米老鼠本身不就是经典吗？噢，那我女儿应该创造下一个米老鼠！

我不否认经典作品带有的价值和趣味性。经典作品可以带我们感受不同的世界，引发我们思考，为我们展示全世界语言的丰富性和多样性。但我还是要说，新媒体和对媒体的理解与我们的孩子及其未来有着非常直接的联系。我们可能不愿意承认当今的世界正被媒体掌控，但这就是事实。因特网已经彻底改变了这个星球。我们能最大化地确保当今世界巨大的变革和发展以及新开发的技术资源能够被正确地应用的唯一方法，就是确保我们的孩子能够正确地理解媒体的价值并且能积极正确地利用媒体。认为媒体的兴起就像一时流行的风潮一样对将来的生活没有影响是非常不负责任、目光短浅且特别危险的想法。

从很多方面来说，我们已经找到了论点的症结所在。教育制度以及关系到教育的未来的关键决策大部分都是公务员基于他们对公众意见的理解而制定的。所以公务员很容易忽略那些他们没有理解的部分，或者那些他们认为在实际生活中是无用的、危险的、应该避免的公众提出的需求。对我们来说，真正的挑战在于要为未来负责，我们要利用媒体去激励后代不断前进，去不断改善他们即将踏入的社会。

当我完成这本书的初稿时，"银发网民"——超过65岁会上网的老年人——还是一个刚出现在新闻中的新奇词汇。新闻中报道了在这些勇气可嘉的老年人身上发生的可爱故事，并且强调因特网引领这些老年人进入了一个美丽新世界。然而，国家统计局最近发布的数据显示，65岁以上使用因特网的老年人自2006年已经增长了两倍多，而这其中有超过四分之一的老年人在用因特网进行健康自查。因此，埃森哲（Accenture）公司要求英国国家健康中心（National Health Service）为这些进行网络健康自查的老年人增加线上服务。

没人会说经典作品已经不再具有价值，或者传统技术已经不再具有吸引力，但是很多传统方法的确已经与时代脱轨了。我们的孩子这一代生活在电子高分辨率点播电视时代，然而我们的一些教育方法和课程设置却还停留在单声道的十四英寸黑白电视时代。

在学校中越来越广泛地使用科技就是最好的例子。这再次表明学校应该用什么资源的决策是由领先潮流的群体制定的，这群人就像每个人都喜欢的叔叔一样，因为叔叔通常都是家族里走在潮流尖端的人。"专家"说类似投影仪和交互式电子白板的教学设备就是未来的教学媒介。过去，他们曾宣称，在未来，电脑和孩子的比例是1∶7，最多达到1∶4，充足的计算机软件资源配上宽带服务会彻底改变我们的教育体系，让孩子在眼花缭乱的科学技术中体验不一样的学习。据报道，在英国，学校已经在信息技术设备上投入了超过5亿英镑。你们最近好好观察过孩子们在干什么吗？他们正沉浸于手机和平板电脑的世界,这些设备对他们来说不仅是视频设备,还能让他们自己剪辑影片和相片,然后实时上传。我们的孩子利用这些电子设备随时随地上网,听自己喜爱的音乐,还能在教室里用蓝牙给对方传输文件。我们的孩子如果放在10年前可能适应不了眼花缭乱的电子设备,但现在我们对新科技的接受能力完全落后于他们。他们手中的电子设备的计算能力甚至比那些能将人类送进太空的机器还要强,所以我们依然不敢让孩子带电子设备到学校,因为我们不仅无法理解他们的想法,而且控制不了他们。我最近听到一个孩子这样说道:"不要再让我们上'信息通信技术'(ICT)这样的课了。我们比你们更懂科学技术,毕竟我们就是靠着电子设备活着的。"我们可以利用孩子们的文化和他们喜爱的科技产品来改进我们的教育体系,推动教育行业的未来发展。

在斯蒂芬·乔纳森(Stephen Jonathan)的著作《每一件坏事都对你有好处》(*Everything Bad Is Good for You*)中,他写到类似《辛普森一家》(*The Simpsons*)这样的动画作品和尼克·西顿曾谈到的伟大的经典作品一样,都旨在反映社会上的复杂问题,这些作品中充斥着微妙的讽刺意义。创作动画作品的本意是体现现代社会中的诸多问题,结果却是动画作品因情节妙趣横生而风靡全球。然而,这部动画作品成功的真正原因在于它适合所有年龄层次的人。如果我们上课也像动画作品一样,用潜移默化的方法教导我们的孩子,那他们掌握的知识该会有多少!

教师最怕的事情之一就是上主课,通常上主课的教师不仅会愁得掉头发,而且喝酒也会比平常多。这还不是最可怕的事情,最可怕的是给孩子分析段落里的语法构成。段落的理解对孩子来说通常都太抽象,而且因为孩子们阅读量还很小,要理解段落就更困难。因为在上阅读课的时候,段落非常多而且很紧凑,所以他们对段落的理解主要靠想象,想象段落内容发生在实际生活中会怎么样。整个理解过程对孩子的要求很高,因为对他们来说,这是一件没意义的事情,而且得不到奖励。但得益于他们玩游戏时的理解力,他们最终还是能掌握阅读方法。在他们观察到超长的文章中总会有一些空行和缩进之后,他们很快意识到这是一个好方法,认为自己找到了一个分段的捷径。然后,孩子们就会自豪地告诉你自己已经会分段了。他们通常四五行分一段,然后在"谢谢您"的图片之前空一行作为连接,他们觉得这样的分段标记已经十分明显,分段的任务也大功告成了。这个时候我们会给孩子们一个笑脸和加分作为奖励,然后继续上课。

可悲的是,大多数孩子还是完全不重视语法和标点的使用,这可能要归因于我们没能教会他们利用上下文和主旨理解文章。我们逼迫孩子们去理解"专家"编撰的课文的含义,这就是问题所在:首先,你光和孩子们说这本书很棒是没用的。因为课文中的大部分内容都不贴近生活,孩子们对课文完全不感兴趣,所以对大多数孩子来说,段落理解不过是一种没用的技能,反正他们以后也不会去写书。其次,孩子们其实能理解段落中抽象的知识,只是他们意识不到自己已经理解了段落,而且更可悲的是,我们自己有时候也意识不到。

想象一下如果让你去看一集《东区居民》(*Eastenders*),或者其他一些流行的电视剧(孩子们痴迷的那种类型,不管你喜不喜欢),你会是什么感受。你先选了一个15分钟的片段,在每次场景切换的时候都会暂停一下,然后问孩子们为什么摄像机拍出了这样的效果。孩子们会像看傻子一样看着你,嘲笑你,然后告诉你:"因为剧情和角色都变了,所以摄像机被移到了一个新场景中。"你继续问道:"所以,看点变了,场景也要随之改变,这样我们才知道已经进入了不同的剧情,是这样吗?"孩子们知道自己比你懂得多,得意洋洋地对你说:"对!"你继续说道:"在写作中,我们没有能帮助读者转换剧情的摄像机,所以用段落作为替代。如果你在写作中想要进入新剧情或者回顾之前的剧情,你可以用空行来表示场景的转换,这就和移动摄像机的效果一样。"孩子们恍然大悟地说："噢，现在我们懂了！为什么你不一开始就告诉我们？"

讽刺的是，这样简单又有创意的方法可以像教师休息室中的补给一样多。所有学校都有教师休息室。那些教师相信孩子们肯定理解了，只是他们装作不理解的样子。通常教师们会在周五的午休时间聚集在教师休息室中休息，大多数教师在15分钟的休息时间里通常是最放松的时候，他们会先狼吞虎咽地吃下一个三明治，然后仔细考虑每周的收尾工作。吃了一周的饼干及喝了一周的低咖啡因咖啡之后，他们会吃点巧克力蛋糕和雀巢咖啡解解馋。其中一个教师都已经开始规划如何度过美妙的周末，这时主任出现了……休息室的门被推开，整个房间里只能听到一声长叹，出现在门口的身影挡住了房间里的光。剩下的人瞪大眼睛看着彼此，好像在说："都别说话！"等休息室里的教师们安静下来之后，主任愤怒地走向咖啡机，开始煮咖啡，这是教师们第一次知道原来煮咖啡也能发出这么大的声音。金属在瓷器上敲打发出的叮当声，听着就像在接受酷刑一样让人毛骨悚然，直到某个人打碎了东西，主任才停止搅拌，而打碎东西的人绝望地等待着惩罚。"发生什么事了？"教师们假装随意地问道。主任像开机关枪一样语速极快地说："那些小家伙迟早要被我修理一番！"听到这句话，休息室里的教师们都松了一口气，脸上绽放出了笑容。但主任因为太生气，没有注意到这一点，还在说着："我花了整整一个星期教他们如何用句号和首字母大写，做了一遍又一遍的练习。直到昨天，那些小鬼终于掌握了这两个知识点。可是，今天我让他们写随堂作文时，结果没一个小家伙用了句号和首字母大写！"

主任在休息室的这番讲话突出了问题所在：我们用一成不变的信息、技术和理念来教育孩子。我们作为教师，只不过是在不断地给孩子们灌输他们不关心的知识。大量的教学内容让我们没有时间去为孩子们量身定做一套教育方法，让每个孩子都能轻松收获知识。

我们现在的教育方法就像我们只告诉孩子们发酵粉是做面包的关键材料,却不教他们怎么使用发酵粉一样。孩子们可能根本就不需要知道发酵粉,因为他们在超市里就能买到刚出炉能直接吃的面包。

对我们的孩子来说,学习就是在学校里的任务,从某种程度来说,就像在做角色扮演一样。学习就是他们逃避现实生活的一个消遣。当他们看着学校大门的时候,他们想到的不是课程表、要上的课,以及怎样理解段落和怎样用句号,他们想到的是一个能让他们自由玩耍的闪闪发光的世界。他们沉浸在自己的世界里,不知道你所认为的学习的世界是什么样子。孩子们把每天进校门学习当作逃离现实生活的一种方式。我们的工作就是不断地改进教育方法,让孩子们把学习变成他们生活的一部分。

8 结束流水线式的教育

> 我们的孩子是小树苗,应该在悉心浇灌下慢慢成长,而不是变成工厂里不停运转的机器。产量提不高是因为传送带跑得不够快,或者是因为我们定的生产指标越来越高。

现在是21世纪的第二个十年,我们却仍在沿用两百年前的课程体系。我们通过所学的学科科目来界定接受的教育是否全面,这些科目包括音乐、艺术、历史、英语、宗教教育、地理、科学、数学、物理和第二外语。我们有时候会赶赶潮流,加点新兴的课程,例如计算机技术或者综合课程(包括自理能力、社会科学、健康教育和公民教育),或者给课程换个好听的名字,例如用算术代替数学,用文学代替英语;但是这些都无关紧要,最关键的是,世界已经发生了翻天覆地的变化,我们却还在慢慢体会人生,迎接未来的挑战。我们的学生时代已经被课程表毁了,所有的事都是按照教师的计划有条不紊地进行,难道我们的孩子也要经历一样的痛苦吗?在我们上学的时候,偶尔幸运的时候,学校才会在学期快结束的时候搞些活动,比如在没有文学课和算术课的星期三上午,安排戏剧组表演一个关于资源回收的短剧。

正如肯·罗宾逊爵士在他的《让思维自由》(Out of Our Minds)一书中所说,这个世界有着严格的等级制度。如果我们被要求根据重要程度为学科排序,结果可能都差不多:英语和数学是第一名;体育和音乐垫底。为什么会这样?难道学科之间不都是相互联系的吗?想要掌握一门科目,其他的科目也要学得好才行。就像披头士的音乐如果离开了他们的歌词，那种感觉还会存在吗？他们的歌词如果离开了有着披头士式的节奏和色彩的音乐也就乏味了，而音乐的制作正是基于对数学的理解。

清晨的上班路上，你可能会在车里或者地铁上听听新闻。新闻主播会像下面这样播报新闻吗？"今天的数学板块，股价下降0.6%；再看今天的宗教板块，威斯敏斯特教堂的主教表达了对持续下滑的教堂数量的担忧。"当你工作的时候，你的工作安排是像下面这样根据学科分类的吗？上午九点半与总裁开会，要用英语来听取和发表意见；上午十点半参加有关广告的汇报会议，要带上艺术课本；午饭之后的会议是个大问题，因为是和人力资源部门一起开会，而且会议是关于裁员问题，所以要带上算术、综合、文学和信息通信技术的课本。

我们可能已经能预见自己的未来了。孩子们在早期阶段接受的教育现在看来是最全面的了。早期阶段包括为三至五岁的孩子们开设的托儿所和小班。这些地方的课程和国家统一课程有着很大的区别，这些课程主要是为培养孩子们最重要也是最基础的能力而设立的，内容包括：

- 沟通和语言；
- 体能发展；
- 自理能力、社交能力和情绪发展；
- 识字；
- 数学；
- 认识世界；
- 表现技巧与设计。

对孩子们来说，上课经常就像在进行角色扮演一样好玩，所以他们在这个时期有很多的学习机会，也掌握了很多能力，而这些能力恰恰是贯穿整个学习生涯必备的能力。比如说，上一节主题为"健康与保健"的课,孩子们能在完成活动的过程中学到其中包含的传统科目的知识。同理,体能发展课的课题就是让孩子们在看了简·方达(Jane Fonda)的视频之后计算他们在日常锻炼中的运动量并为自己制定一套健身方案。

  能够亲眼看到和体验最棒的学习平台是初始阶段最大的优势。孩子们不仅学得开心,而且学得自信、自主、张弛有度且富有创造性。他们学会了举一反三,能极快地掌握知识,这是每位教师在任何时候都希望学生掌握的技能。但孩子们到了5岁就不能再接受初始阶段的教育了,他们要开始乖乖地坐在椅子上,在"正式的学习环境"中按照课程表死板地学习。这样的教育体系精细到7岁的孩子能准确地告诉你自己周二上午十点一刻要干什么。不只是这样,因为政府组织的施压,课程结构也变得更规范,所以孩子们不仅有固定的座位,而且能准确预计接下来要上的课程内容。"妈妈,我们明天上午十点一刻上写字课,上完课就要去开班会,这个时候老师会让我们上台告诉全班同学今天在课堂上做了什么,学了什么。但我不用上台,我只需要坐在下面听,因为蝴蝶组是被安排在周四演讲,我是瓢虫组,所以不用上台。"

  千篇一律的枯燥生活让孩子们到11岁的时候将面临结构疲劳危机。这样枯燥的生活会延续到孩子们上中学,而且只会变得越来越枯燥。为什么我们的教育体系会这样枯燥乏味呢?近年来,为了改变现状,我们已经做了许多尝试。

  过去几年,随着对初级和中级教育课程不断的反省,人们已经找到了科目结构和单科模式的问题所在,但是却从未真正将问题报告给政府部门。

  学习应该是一个人的旅行,一场开阔眼界而且不可预知的旅行。网页式的搜索引擎就是最好的例子。在我们用谷歌搜索的时候,通常都会被那些弹出来的关联词吸引,但上了一个小时的网之后,反而忘了自己搜索的目的。我们当然知道搜索引擎具有能让我们不出门便知天下事的好处,但事实却是我们被考试制度捆绑着,这限制了我们的发展方向,让我们不能尽情地畅游在知识的海洋……这就等于你爸妈对你说:"你可以随心所欲地去环游世界,但是必须回家喝下午茶,我会在家里等着你从北京和惠灵顿寄明信片回来。"

我知道这已经是个老生常谈的话题了,但是

身体锻炼可以创造性地植入任何一个课程领域

现在政府对指标完成情况和排名表的重视对学校的教育质量有着真切的影响,事实上,政府向公众声明的监督教育质量的方式并不是仅仅依靠指标和排名。学校因为这些数据的影响而受限,以至于在英国,学校都是战战兢兢地教育孩子。我坚信父母不仅应该对孩子的教育负责,而且有权利了解孩子接受的教育的质量。生命只有一次,盛年不重来,一日难再晨,所以每天都要充满活力,乐于探索新事物。孩子是我们生命中最宝贵的一部分,我们应该确保他们的人生有个精彩的开始,确保他们接受的教育是最优质的。

讽刺的是,这些指标和排名并没有起到督促的作用,反而带来了反作用,让学校只注重学生的成绩而忽略其他方面的培养。然而,这些所谓的监督机构通常会雇用上千人,开销巨大,如果这些人力和资金能直接投入在教育上，效果应该会更显著。打个比方说，政府在2009年为了测试11岁儿童的学习情况，花费了将近2 600万英镑。

学校不是唯一的受害者。地方政府和学校的受托团体与学院都被迫要达到既立的目标，这反过来意味着学校必须要将得到的大量资源和建议转换成提高学生成绩的短期措施。几年前，我曾受雇于某地方政府，我的工作总结起来就是和负责教被测试孩子的教师们一起工作，教授他们提高学生学期末成绩的方法。很遗憾，长远来看，这些方法对我们的孩子一点好处都没有，只不过是提高数据的方法。

我写这本书不是为了评价政策的优劣，我相信这种人人过度痴迷于成绩的现象早已出现。近年来，我们对PISA测试这类项目的国际排名越来越关注，包括此在内的种种迹象表明，人们对成绩的痴迷越来越严重。无论发生什么，政客必须意识到教育政策的目的不是为了确保高分数，教育是为孩子们的健康发展而存在的。

小学教育阶段的测试机制是最优秀的。历届政府都表明，自从测试体系在20世纪90年代作为教育发展的见证第一次投入使用以来，孩子们的成绩的确有了显著的提高。然而事实是，这期间孩子们的知识并没有增长，是学校的表面功夫越做越好。当我们第一次把孩子们当作测试对象的时候，作为教师的我们还不知道自己要干什么，所以孩子们可以说是在毫无准备的情况下做的测试。这也是为什么最初几年孩子们的成绩都很差，只是刚刚超过正常水平的一半。随着我们渐渐熟悉程序和体系，我们就能像对待实验鼠一样训练我们的孩子怎么应付考试。

政府随后开始正式训练教师，包括投入大量资金开设辅导班和专家辅导项目来教教师们如何训练孩子们的应试技巧。毫无疑问，测试结果得到了显著提升，学校、教师和学生也都为了这个结果而做了许多努力。但这些努力中有多少是为了提升教育质量和教育体验？这一点值得我们深思。我们的确已经帮助孩子们提高了应试技巧，他们对测试也有了更完善的准备，这一事实是无法否认的。

几年前，我参与了当时的学校成就标准司司长戴维·米利班德（David Miliband）为学校制定标准的会议。他提到，标准是为了培养我们的学生成为未来的国家栋梁而设立的。这句话完全正确，但是那些测试和排名表完全没能起到监督学校的作用。如果你在三四月走进英国任何一所学校中的六年级教室，你会发现孩子们都在为考试而争分夺秒地学习。不论是孩子还是教师，没人能说清楚我们花费时间在考试准备上收获了什么。

因为多年来政府的施压，有些排名靠前的所谓的优秀学校为了追求成绩反而带给了孩子们最差的学习体验，这让我陷入了困惑。我听说地方政府要求学校取消课外活动、体育活动和春秋游，让孩子们把这些时间花在备考上，而且随着2012年伦敦奥运会的成功举办和英国影视业的日益崛起，政府更是要求学校将重心放在"基础技能"和传统学科上，然而这样的做法是以放弃孩子的全面发展为代价的。尽管现在没有了体罚制度，但政府还是找到了折磨孩子的新方法。

那我们还有什么选择呢？首先，我们还有政府的监督机构——教育标准局，但是教育标准局也是自身难保，因为他们制定决策一定要以数据为基础。比如说，在格兰奇小学的一次教育质量检验中，决策团队就是根据一年前的数据对学校的科学教育质量做出鉴定，而不是亲自到学校视察并进行鉴定。怪不得教育局会认为学校提供的科学教育还有待提高。一个星期之后，我们收到了最新的测试数据，数据表明每个孩子都达到了标准的要求，这立马体现出教育标准局的检验结果是无效的。如果使用得当，教育标准局的检验将起到很好的监督作用，尤其是如果不依赖那些数据的话，监督效果会更加好。可能解决问题的方法就在于找到另一种能代替数据作为检测标准的方法。

我最近得到了与英国自行车协会会长戴维·布莱斯福特(David Brailsford)和天空车队近距离接触的机会。戴维是帮助英国骑手布拉德利·维金斯(Bradley Wiggins)和克里斯·弗鲁姆(Chris Froome)成功在环法自行车赛上取得连胜的幕后英雄,他还有一个身份就是英国自行车队的教练,他见证了英国国家自行车队在20年间从不断失败到最后取得奥运会冠军的历程。戴维始终相信,只追求结果得到的只能是眼前的成功,真正的成功要通过日积月累的改变和努力,这些改变虽小,却是发自一个人内心深处。也正是戴维的这种信仰帮助他赢得了人生的成功。当我和他见面的时候,他正开始为刚赢得2012年奥运会冠军的英国自行车队修订目标。戴维并没有因为一时的成功而沾沾自喜,他说他要为队伍找到新的奋斗目标,改变他们的观念,这两点的关键在于选手们自己要清楚奥运会冠军并不是终点,他们距离成功还很远。事实上,戴维一直都强调自己不是一个教练,他认为自己的工作只不过是为他的团队成功实现目标创造条件罢了。

按照现在的情况,考试制度的问题在于其限制了学校的发展力,因为对学校来说,完成指标是唯一也是最后的目标。但是政府却非常支持这种考试制度,因为政府相信对群众来说数据和排名更有可信度,而我却不以为然。同时站在教师和父母的立场上,我呼吁那些和我一样反对考试制度的家长与我一起进行抗争。英国校长协会(National Association of Head Teachers)2009年2月发布的一份调查显示,一万名家长中有85%的家长希望国家能废除SAT考试。直到现在,支持SAT考试和考试制度的家长人数最多的时候也不过是一千人里的44%,该数据来源于摩利调查公司(MORI)2009年4月发布的调查。家长当然希望能有亲自监督学校的方法,但他们更希望政府能出台切实有效的方法鼓励学校在正轨上发展得越来越好。

家长们仍相信旨在提高产量和使效率达到最大化的工业经济模式放到现在也是适用的，但事实并非如此。成功靠的是脚踏实地、成长性和创新性，而这些要素靠的是人的能力而不仅仅是产量的增长，这也就意味着我们必须培养员工的能力而不是高效率和规范性。

前不久，结束了在利雅得（Riyadh）的演讲之后，我很荣幸能够和另一位主讲人一起坐飞机回英国，这位主讲人是真正改变了世界的人，他就是苹果公司的共同创始人——史蒂夫·沃兹尼亚克（Steve Wozniak）。他是个非常谦逊又温暖的人，就像他自己说的，他就像个大男孩一样腼腆害羞，甚至还有一点儿认生。史蒂夫告诉我，在他还是个孩子的时候，他就有了明确的目标，他要为像他一样不善于沟通交流的人做点什么，让这个世界变得更简单。史蒂夫最后有了两个志向，一个是和他父亲一样成为一名工程师，另一个是成为一名教师。他最后选择成为一名工程师，尽管他后来选择了辍学，但是这可能反而是一个再正确不过的决定！当他在1987年离开苹果公司的时候，他决定尝试做一名教师，完成儿时的另一个志向，所以他在当地一所高中开始了教学生涯。想象一下，假如史蒂夫·沃兹尼亚克是你的科技老师，那真是太棒了！最后他甚至和一个曾经做过教师的女人结婚了，所以他对教育也有了一些很棒的设想。他的想法的确引起了我的共鸣，我们在飞机上聊得火热，好像又回到了演讲那晚。他对我说的第一想法是："你教什么其实真的没那么重要，最重要的是你要告诉孩子们当初你掌握知识的方法。"第二个想法是他和史蒂夫·乔布斯（Steve Jobs）在他们事业刚起步招募员工时悟出的准则，这对我们现行的教育制度来说可能有些挑战。乔布斯认为，苹果公司要想有未来，就必须发展成一个能创新产品的公司，而不仅仅是制造产品，因为如果只是制造产品，那公司肯定不出三年就倒闭了。鉴于乔布斯的这一理念，他们制定了一个准则，那就是苹果公司永远不会雇用不自律的员工。这让我想起来，我在"硅谷首都"——

圣何塞——参加活动时曾遇到一个苹果公司员工的姐姐,她对我说,她的弟弟曾经见过乔布斯和沃兹尼亚克,那个时候乔布斯和沃兹尼亚克十分欣赏她弟弟的才华和态度,他们甚至亲自驾车到她父母家,劝说他们允许她弟弟辍学到苹果公司上班。

很显然,传统的管理监督方法对现在的学校和孩子来说已经没有用了。

我希望政府能找到一个更加循序渐进的方法,根据孩子们掌握的技能和能力来评估他们。家长也应该从各方面关心孩子的学习情况,只关注孩子的成绩是不够的,可以多关注类似以下这些问题:我的孩子在团队活动中表现怎么样?他擅长使用多种方式和同学交流吗?他的理财能力怎么样?我的孩子用什么方法解决问题?他怎么应对在学校遇到的难题?他对自己的表现满意吗?学校可以按照这些给孩子们在学校的表现进行评分。我觉得学校还应该建立一个新制度,给每个孩子建立一份个人档案,档案上记录孩子们技能和能力方面的分数,可以通过对比孩子在学校的表现来评分。这个过程必然还包括对孩子的基本技能的分析,例如计算和读写能力;除了这些基本技能,我们还可以将在广泛的情境中应用这些技能的能力纳入分析范围。

我们现在的教育制度认为,所有的孩子应该是一模一样的,在相同的年龄达到相同的知识水平,能用相同的方法同时做一样的事情,学习相同的知识,拥有相同的兴趣爱好。个性化的学习就完全不同,它追求的是发展核心技能,让孩子能够选择自己喜欢的发展道路。是谁规定所有的孩子到了 11 岁就应该上四年级?有些孩子的知识水平可能早就超过了四年级,而有些可能还没达到。最初的课程体系规定的是四年级的孩子应该达到六年制小学教育的平均水平,而不仅仅是及格水平。我曾经教过 9 岁就能参加普通中级传媒学考试的孩子,我的主张是,学校和家长应该放手让孩子自由发挥自己的才华。

9 为了孩子们的未来？

> 如果孩子们在学校都学不到知识，那也只能怪我们自己。如果年轻一代都因为在学校接受的教育过于浅薄而前途坎坷，那我们应该认真反思一下我们的教育体制。

因为我大部分的工作都是在学校里，所以我很清楚孩子们在这样一个学习环境下的学习感受。如果我和大部分家长一样等着晚上孩子们回来报告自己的学习情况，那我对孩子们的学习情况仍是一无所知。这个时候，我们自然会时常回想起自己"美好的学生时期"，但我们还是会相信教育总是在进步的，至少我们始终是这么希望！我们都对诸如宗教和政治等有着清晰的概念，知道它们应该是什么样子，会变成什么样子，原始的面貌又是什么样子。和所有事物一样，信仰也受限于我们自己的经历。举例来说，如果可以的话，有些家长会把孩子送到自己曾经就读过的学校，而有些家长就算全世界只剩下自己曾经就读过的学校，也不愿意把孩子送到那里去读书。家长最害怕的事情之一就是给孩子选择一所"合适"的学校，还总要被学校问这样的问题：你需要什么样的教育？你对我们学校有多少了解？其实说到底，所有家长的要求都一样，只不过是希望学校能够确保孩子们在学校里都能遵守学校的规章制度并好好学习！我们接下来要体验一下大多数在校生的日常（请看以下斜体字部分），并且探究一下现在的年轻人面临的关键问题（请看以下粗体字部分）。

孩子们的一天随着上课铃声的响起正式开始了，在听到铃

声后,他们迅速站成一排,保持安静,依次进入校门,开始新的一天。从孩子们开始读书的第一天起,他们就像小羊羔一样被学校圈养在校门之内。我们现在还经常能听到一句老话:"大人说话小孩别插嘴。"我经常能在各种媒体平台上看到这样一句话:"某某是个很可爱的孩子。他/她总是一个人安静地玩耍,从不大声吵闹。"

现在初入职场的年轻人最常受到的批评之一就是缺乏积极性和主动性。他们无法靠自己的力量解决问题,要有人一直在旁边指导。

一旦进了教室,孩子们就开始确认课程表,看下一节课要上什么,然后准备好要用的书,坐在规定的位置上,通常是坐在地板上,然后安静地等待教师告诉他们今天要学什么内容。会有一两个没有事先做好准备的孩子举手向教师申请去上厕所。

未来,人们会渐渐投入自主创业的行列。那个时候就需要自己规划目标,安排工作,然后在截止日期前完成工作。

课程刚开始的时候,教师会花至少15分钟给孩子们解释当天的学习内容,做个铺垫,然后布置课题任务。在设备完善的教室里上课,教师通常都会独占交互式白板,偶尔会安排一个孩子到前面用白板给全班展示解题过程。然后,教师会告诉孩子们在多长时间内完成课题任务。

现在的年轻人缺乏沟通能力,不会通过讨论解决问题,这点一直被社会诟病。在英国,另一个问题渐渐受到关注,那就是孩子通过言语表达自我情感的能力在逐渐退化。然而,我上学的时候,每节课中绝大多数的讨论都是由教师发起的。

对孩子们来说,活动时间和午休时间是每日学校生活中最开心的时候,大多数孩子会飞奔到操场玩耍;根据不同的活动类型,活动时长也从十分钟到一个小时不等。不管晴天雨天、温度高低，孩子们都不会放弃这唯一能放松的机会。有些学校的操场是一片灰土，没有任何体育设施。在设施完备的学校，操场上都会有完善的运动设施和彩色的标志线。男孩子们通常都是操场的霸主，在操场上踢足球。女孩子们更喜欢练练舞，唱唱歌，聊聊天，挽着手散散步。那些不喜欢凑热闹的孩子会一个人闲逛，等到上课铃声响起再回到教室继续上课。

人们越来越担心孩子们在不受监管的时间以及在校外表现出的行为举止越来越不文明，孩子们总是浑浑噩噩的，甚至都找不到一个放松自己的方法。

最后一节课结束，放学铃声响起。教师在给孩子们布置家庭作业，作业通常是为了巩固当天所学知识或者是为了周五的拼写测试而做准备。教师还会要求孩子们带上阅读计划表里的书，然后会为了让他们完成读书任务规定他们每天至少读一章。布置完作业后，孩子们会按照要求起立，将椅子推到桌子下，然后整齐地走出教室，他们的家长会在校门口迎接他们。

很多家长抱怨孩子回到家之后就处于既不兴奋也不萎靡的状态，就是不想读书，不想做作业。当被问到今天在学校过得怎么样时，他们就把书包一扔，鞋一脱，然后脚步沉重地边上楼边低声说："老样子，无聊。"

我不是想要故意嘲弄学校的教育方法或者想要让大众对现在的教育失去信心，但是学校从本质上来说就是公式化的。就像我前面几章说的，学校就是执着于让一切事情都按照规章制度来。我们正面对教育行业的困难时期，人们对现在出现的教育问题已经乱了方寸，害怕孩子们会养成坏习惯，新闻媒体的报道也逐渐让大众开始相信学校和家长已经无法控制现在的年轻一代。学校在很多方面都和监狱有着相似之处，甚至连建筑形态都差不多，孩子们就像被拘禁在这四面高墙之中。学校就是脱离世俗的另一个世界,在这个世界里,只有一个法则:进了校门就要遵守学校的规矩。

孩子们白天绝大部分时间都在学校度过。想要搞清楚为什么他们越来越厌恶上学,就必须站在他们的角度,体会他们的感受。学校的建立、运作、管理、控制和调整都是由大人完成的。这也是我们的教育一直停滞不前的原因,但教育落后造成的苦果却是孩子们和教师们在承受。

我对政府之前的尊重议程十分关注,这个议程是为了帮助学校在年轻人中恢复威信而实施的,这样可以降低逃课率,还能规范他们的行为。后来政府推行了更严厉的惩罚制度,这大大加强了议程的实施力度,对家长、学校和孩子施压。人们对行为端正和行为不端都有不同的定义,所以如何确定行为是否端正是个很复杂的问题。很多专家认为造成行为不端的几个关键诱因是:

- 注意力不集中;
- 精力过于旺盛;
- 好胜心强;
- 逃避现实;
- 没有兴趣爱好和目标;
- 压力大。

我认为大多数孩子行为不端的原因都和得不到尊重以及没有生活学习目标有关。作为成年人,我们最生气的时候也是在感到不公平但有心无力的时候。在规则至上的世界,得不到尊重是再平常不过的事情。学生经常会产生厌学情绪,大人通常都扮演着教给孩子分辨是非对错和轻重缓急的角色。

似乎从来没有人问过教育应该怎么改革才能让孩子更积极主动地学习。可能是现在这样的教育模式对我们的孩子来说不再有吸引力,而不是我们的孩子不能适应教育。现在做的补救措施有点类似给患了脑癌的人吃止痛药,只能治标,不能治本。

几年前,我曾加入过一个由创新组织管理的智囊团,这个智囊团当时是教育部的一部分。教育部为了解决学校将要面对的那些问题而建立了这个智囊团。为了探究现在的学生的需求到底是什么,我们访谈了一些中学生,结果他们的回答发人深省。一个年轻人的话尤其让我感到震惊,他质问为什么学校一定要把重要的课都安排在上午,因为他觉得自己晚上效率反而是最高的。这让我不禁开始反思很多问题,其中一个就是我们的孩子崇尚的是自由。他们希望自己支配生活,想什么时候看电视就什么时候看,想看什么就看什么;将音乐下载下来,想什么时候听就什么时候听;他们还可以在运动鞋上随意涂鸦,他们可以通过手机和网络随时随地与朋友聊天。有些学校为了满足孩子们的需求,已经开始使用网络学习体系,这使得孩子们和教师可以随时随地登录主页,进行课题调查研究、提交作业和查看成绩。

牛津大学布雷齐诺斯学院(Brasenose College)神经科学专业的教授罗素·福斯特(Russell Foster)在2009年进行了一项研究并在2012年发布研究结果,结果显示,那些10—20岁的青少年比其他年龄层的人需要更长的睡眠时间,准确地说,需要长达九至九个半小时的睡眠时间,其中的原因可能与生物学有关。结果还表明,学生下午上课效率更高,这可能是因为青少年荷尔蒙分泌旺盛,他们的生物钟会晚两个小时。因为这项研究报告的发表,北泰恩赛得(North Tyneside)的一所创新性高中——蒙克西顿中学(Monkseaton High School)——为了配合学生的生物钟以达到最高学习效率,调整了学校的课程表。

学的知识一定要全面,所以每一节课都同等重要。教师要花大量时间来备课,压力也很大,所以不可避免地有时候会忽视和学生在休息时间的沟通交流。为什么孩子们要被放到操场上去释放被压抑的能量？对有些天生文静的孩子来说，这简直就是噩梦。他们只会感到无聊，有时候甚至会感到恐惧。我们必须仔细考虑怎么合理利用这段时间来锻炼孩子们的社交能力和创新能力。有些学校会在休息时间对孩子们开放活动场所，例如电脑房、图书馆和体育馆。学校还允许学生自己开创很多活动，包括游艺社和辅导互助班，我会在后文介绍更多。

家庭作业是个很有趣也很敏感的话题。家庭作业到底有什么意义？它真的能增长孩子们的知识，还是有其他作用？作为父母，如果我的孩子有家庭作业，我会在做家务或者挑选茶叶的时候把它们拿来垫脚。如果家庭作业的意义在于增长知识，那我想问：孩子们在学校干什么呢？现在，"家庭作业"通常都会演变成一场父母与孩子的争吵，不是因为孩子不听我的话去做完作业，就是因为我在作业上帮不了孩子，毕竟这已经超出了我现有的知识范围。不管是孩子还是家长都不喜欢读书，但读完一套书真的有什么实际价值吗？孩子当然也和我们大人一样想要有休息的时间。我们总说上一天班比孩子上一天学累多了，我无法认同这点，因为不管是上学还是上班，都一样辛苦。有时候上了一天班，就算我回到家，还是要花几个小时处理工作上的事情。

如果我们改变一下上学的概念，或者所有学校都开设网络课程的话，家庭作业和课堂作业自然也就没有什么区别了。孩子们自然也就失去了自己通过调查研究进行探索发现的机会。

很多学校近年来建立了学校理事会，渐渐开始听取学生的意见和建议。然而，大多数学生针对学校管理提出的意见和建议还是没有被采纳。允许学生提出意见和建议这一行为本身就有一个隐患，那就是学生不可能站在学校的立场提出学校认可的意见和建议。我们都知道，孩子是不会说假话的，所以通常他们提出的建议对我们来说都太具有挑战性了。如果我们采纳学生的意见，那我们就必须付诸实施,否则孩子们很快会发现,学校允许他们提出意见和建议根本就是做做表面功夫。

  我在教师生涯中悟出的一个道理是如果给孩子们自由成长的空间和正确的指导,那么每个孩子都将有无限潜能。我们提出的建议都是基于自身的经历和经验,但孩子们却不是这样,他们提出的通常都是真正有创造性的建议。

  我们应该问问学校理事会怎么样才能做到提高孩子们的出勤率、写作能力和行为规范。其实很简单,像大公司砸重金在市场调查上一样,学校也应该在学生中做做市场调查。

  我们必须找到让孩子们真正学会做个独立有主见的人的方法。我们必须给他们自己做决定的机会,有时候也要让他们吃点苦头,这样他们才能从自己的错误中吸取教训。如果我们把孩子保护得太好,那只会把他们渐渐推向深渊,因为他们将永远学不会如何面对生活中的挑战。

  我们总能听到人们批评现在的孩子没有责任感,可悲的是,那是因为我们的教育没有给他们学习承担责任的机会。

10　让学校成为下一个"必需品"

> 我们身处的环境可以影响我们的感受：我们的自信感、归属感、幸福感和价值感。我们的孩子需要在自己感到舒服并能获得灵感的环境中生活，所以我们要按照他们的要求设计房间，甚至让孩子自己设计。

如上文所述，如果学校课程影响的是孩子在学校中每一分每一秒的学习，那我们必须花点时间仔细看看孩子的学习环境。当我们越来越了解大脑是如何运转的，思维是如何被激发的，我们会意识到环境不再是美学上的名词，环境关乎的是科学。

如果我们想要全面了解学校现在面临的问题，就必须开始全方位地审视孩子们在学校的感受，毕竟他们一天中的大部分时间都是在学校度过的。

当我访问其他国家的学校时，我一直对孩子们的学习环境感到惊讶，我们居然还奢求孩子们在这样的学习环境下能够茁壮成长。教育应该被视作一场探索的旅程，教育应该要能激发孩子们的想象力、好奇心和潜力。孩子是上帝赐予我们每个人最珍贵的礼物，拥有高于一切的价值，所以孩子理应获得这世上最优秀的教育。我们的学校应该是孩子们生活的中心，应该能够释放他们的能量，激发好奇心，但遗憾的是，很多学校都没能做到这一点。

大多数英国学校都是高度功能化和制度化的地方。这些"二战"后建造的学校里都是结构密集、用预制构件组装起来的巨大而丑陋的建筑，现在早已被风雨侵蚀。而那些"二战"前建造的学校很多都是维多利亚时期的产物，在接受了时间的摧残之后，现在都只剩下了躯壳。

无论这些建筑是什么时候建造的，所有的学校都有着相似的特点：教室里放着木头或塑料桌椅，布告板上都是图钉留下的点点锈迹，看上去死气沉沉的油毡地板，一个给孩子们休息和集合的大厅，沾着盒饭和油炸食品滴下来油渍的地板，铺着坑坑洼洼的硬橡胶的操场，只有学生常走的地方是平整的。

前面几章提到的那些学校制定的规矩当然只不过是起警示作用。学校用来困住孩子们的高耸的围墙才是它们的终极武器。

英国工党在1997年开始给学校投资，尤其在被列为第一顺位的学校建筑方面投入了大量资金。这次资金注入已经有了成效，在中等学校中的成效尤其显著。已经接受过重建或翻新的学校现在看上去现代化十足，有些学校还增添了很多极具创意的设计，包括位于学校中心，能用作会场的开阔的中庭。还有些学校为了满足逐渐增多的学龄儿童的需求而建起了分校，这也减轻了广大学校的负担，那个时候的英国教育行业取得了巨大的进步和成功。可惜好景不长，当新的联合政府在2010年成立的时候，政府认为在教育行业中投入大量资金对财政造成了过重的负担，因而叫停了这项计划。虽然之前的政策有漏洞，但毕竟政策的制定经过了层层复杂的审批，还是有可取之处的，至少先前的政策意识到了孩子在学校的表现和学习环境是相互联系的，而且这一点已经被忽略太久了。我自己孩子的学校就是受到政策巨大变动影响的学校之一，这是一所很优秀的学校，但环境却非常糟糕，学校的天花板和地板都有坍塌的危险，其中一栋楼因为被列为危房而被封闭了。学校原本被列入了资助名单，而且也已经开始重建准备工作，但现在因为政策被叫停，学校的重建计划也只能作罢。新政府认为学校仍在正常运作就证明之前的政策是不必要的，但孩子们本就不应在一间需要在脚下放着水桶接雨、四面漏风的教室中学习。

即使有了新的开端,大多数学校还是没有为未来做好准备。幸运的学校有了明亮的玻璃窗和结实的墙体,焕然一新的面貌的确会在短时间内鼓舞士气,但是却没有考虑到为更长远的目标服务。新学校仍是为了服务学校那些死板的规定而建造。我和很多校长交流过,他们管理的都是经过整修翻新的学校,但他们却都因为在整修的过程中无法实现自己的想法和设计而感到沮丧失望。这些校长不是没有努力过,只是当他们和当地民众有什么想法的时候,都会被政府以教室的规格和功能一定要按照要求设计和建造为由否决掉。最根本的问题之一在于观念:有远见的学校不仅仅是一座建筑,学校不能从建造开始就被规矩框住,一切都要按照要求进行,这样的观念一旦形成就很难再改变了,学校也就成了一个对孩子来说处处受约束的地方。有远见的学校懂得学习和规划的重要性。有远见的学校会创造一个能随着孩子们的成长而不断改变、发展的灵活的学习环境。总结起来,就是我们必须在设计工具之前计划好用途,这是教育思想上的巨大改变。以互动式白板为例,我们在教室里安装了白板之后才考虑怎么使用的问题。我们应该先考虑教学上需要什么工具,然后再考虑如何安装的问题。然而比起其他问题,最关键的是归属感,如果孩子们感觉自己在学校有归属感和赋权感,能够适应学校的话,那么环境对他们的学习其实并没有多大的影响;但如果他们只是把上学当作参观,认为学校是成年人掌管的地方,那就另当别论了。

不管是过去还是现在,每一代孩子学习的课程都是一样的,每一代存在的问题也是一样的。每个人都理所当然地认为教育体系是最权威的。

人们对教育之外的领域也关注甚少,很少有人能从建筑业和室内装潢业的发展中发现值得学习的东西。大多数公司都会在公司大楼的设计、装饰和装修上投入大量资金——室内装潢俨然成了一门科学。人们渐渐意识到职工的产值和他们身处的环境有着直接的关系。工资与此当然也有关系，但是工资的涨跌幅度不会很大。当我们在装饰、装修、翻新或者建造学校的时候，我们在环境科学和心理学方面花了多少时间和精力？我们又花了多少时间和精力去考虑怎么增强孩子们在学校的归属感？

在过去的几年，我很荣幸能够为很多享有盛名的公司工作，而且还受邀参观了他们的总部。这其中有两家公司有一个共同点：对未来和新进职员有着明确的规划并给员工高福利待遇。神奇的是，我当时立刻记住了这两家公司的这个共同点。在我们应该如何设计管理我们学校的学习环境方面，我们能从这两家公司中学到很多知识。

第一家公司是微软英国分公司。我为他们在公司环境上花费的心力感到震惊。在踏入公司大门的几秒钟内，我就感到自己在这座大楼里受到重视，自己是特别的。我当时就想永远待在这里，成为这家公司的一员。难道这不该是我们的孩子在踏进学校大门时应该感受到的吗？整个公司十分通亮，四周是各色的装饰，如同想象中的一样，到处都是科技产品，却显得生机勃勃。这是因为办公室内每个区域都用不同的形状和色彩进行装潢，这样做能够刺激人体右脑，提高工作效率。公司中有很多开阔灵活的空间，尤其是在休息区域，公司花了很多心思，休息区里有电脑游戏区、软装饰、植物盆栽、等离子显示屏和趣味艺术作品，最重要的餐厅更是不可少……啊！怪不得微软能在英国被一致评为最想入职的企业之一，而且名次每年都在上升。

第二家公司在我心中有着很高的地位。这家公司同样致力于公司内部的建设和员工的培养。EGG为世界第一批网络银行之一，因为其在创新和客户服务方面的优秀表现，在国际上都享有盛名。在经历了并购之后，EGG现在归于巴克莱银行旗下。除了教育领域之外，我从来没有如此想要进入一家公司工作过，这是为什么呢？因为公众对EGG公司的评价非常之高：这家公司同样到处充满着人性化的设计和多彩的装饰，公司的布局十分通亮和灵活。当我们踏入公司大门，悠扬的音乐迎接我们的到来，但这一点都不显得唐突，反而很现代化。墙上是光雕塑，打着柔光。在位于正中央的大厅里，有一家咖啡馆，四周包围着隐蔽性良好的会议场所。公司的正中心是一个巨大的电话服务中心，这里却令人意外地十分井然有序。空间被很好地划分开来，墙上的显示屏正在播放的是MTV音乐台和天空体育新闻频道。主培训室和《星际迷航》中的进取号星舰十分相似，主会议室就像是纽约的阁楼公寓。电话服务中心大厅周围是"破冰"室，里面有电脑游戏区、台球桌、吧台和电视机，甚至还有一个按摩室。在这里随处可见表彰员工优秀表现和成就以及简单介绍公司历史的横幅。当员工向我介绍他们企业文化背后的思想的时候，我立刻被吸引住了。不管是从成立时间还是员工平均年龄来看，EGG都算得上一家非常年轻的公司。一开始，银行的主要业务中不包括自身的形象包装，所以在为客户办理业务的时候经常会发生摩擦，银行也因此经常接到客户投诉，所以在电话服务中心工作要承受很大的压力。公司意识到了这一点，所以开始着手与员工协商，希望能找到既能帮助员工保持工作状态，又符合企业精神的方法。最后的协商结果效果好得出奇，这也改变了我作为一个学校领导者的想法。

EGG和微软都意识到，员工才是企业的当家人，企业的实体环境要给员工一种归属感和使命感，公司应该多强调自身的人文文化，多鼓励那些能够为公司创造更多效益的员工。两家公司都让员工一起参与讨论改进公司环境的方法，从而取得了绝佳的效果。我对这些公司管理员工的方法和我们教育孩子的方法之间的共同点十分感兴趣。我猜这对我们来说其实并不令人意外，因为不论是公司还是学校，都是新技术的提供商，而员工和孩子都是充满活力的年轻一代。

经过对比，才发现我们的教育体系为何会错得这么离谱。学校作为孩子们学习的地方，通常都是远离外界干扰的。我们的孩子必须去学校接受教育，他们别无选择，法律就是这么规定的。为什么学校就不能让孩子们在休息时间玩电脑游戏，给他们除操场之外的另一个别样的活动空间？为什么不能用孩子们喜欢的流行音乐迎接他们的到来？为什么不能给教室添加点软装饰和当代艺术作品，再配上柔和的灯光，让教室变得现代化一点呢？为什么不能给他们一个能自由支配的空间？

归属感是由心而发的一种感受。我们要搞清楚学校的主导者是谁，你和我都不能主导学校，每天要在学校度过大部分时间的孩子们才是学校真正的主导者。因此，孩子们在自己身处的学习环境中一定要有一种归属感。

有一大部分做了学生家长的成年人还念念不忘自己的教育经历。我知道很多家长因为自己学生时期的悲惨遭遇而对学校感到非常恐惧。他们光是站在教学楼里，看到教室里熟悉的布置，闻到教室里熟悉的气味，就会觉得很不舒服。对很多孩子来说，不管是过去还是现在，学校都是一个和自己格格不入的地方，在学校处处都要守规矩，处处受教师管制。我记得在所有教过我的教师中有一位非常守旧的教师，他一定要把教室里的桌椅摆放成一个特定的形状，以示对古代诸神的崇敬。他是个很可怕的男人，他还是个烟斗客。只要我们做错了事，他就会让我们在波塞冬（Poseidon）的画像前跪着，乞求原谅，我就经常被这么惩罚。他会站在我们旁边，大吼着指挥我们做这做那，我们就要照做。教室就像是他的王国，我们就是被他邀请的贵宾。要说学习上的进步的话，我只能说，他教我的那年是我在学校成绩最差的一年。在今天大部分的教室里当然不会再有这样的情况发生，尤其是在政府那些陈词滥调的熏陶下。然而，教室里还是教师在做主，一切都还是以他们的原则和感受优先。

教学楼和学校的温暖以及我们曾身处其中的感受都给我们孩子在学校的成长经历带来了巨大的差异。

如果你参加一场校园演唱会,在抵达学校大礼堂的时候被告知只能坐在地上看演唱会,那你一定非常不高兴,尤其是当看到教师和学校管理层舒舒服服地坐在椅子上的时候。你会觉得自己不受尊重,被学校羞辱了,学校这样的做法大错特错。然而,我们恰恰就是这样对待孩子们的,却还希望孩子们会热爱我们的学校和教师。

教师按照我们的喜好布置教室,强迫孩子们去接受这样的布局。我们选择墙上壁纸的颜色,我们给孩子们分配座位。安全感通常是和归属感相互联系的。因此,为了增强孩子们在学校的归属感,我们必须让孩子们感到自己是学校的主导者。

这段时间以来,我参观了许多令我印象深刻的教室,这些教室是由教师和学生一同设计和布置的。所以,这些教室里的桌椅板凳的摆放不太寻常,这种特别的摆放方法确保了每个孩子都能看清黑板,听清教师说的话,提高上课效率;这些教室里还有装修精致的供孩子们玩耍和休息的区域,孩子们可以在这里一起做互动益智游戏,戴上耳机欣赏自己喜欢的音乐;墙上还贴着孩子们的照片。四面的墙壁被颜色鲜艳的油漆粉刷一新,一面墙上展示的是被挑选出来的孩子们的优秀艺术作品,墙上展示品的布局是孩子和教师一起设计的;另一面墙上是孩子们自己挑选和创作的宣传画,表达的都是类似"团队中没有个人英雄主义"和"今天的我将创造一个新的奇迹"这种老生常谈的主题。我猜,很多读者在大部分的小学教室里都看到过类似的场景。难道所有的学习环境不都应该给孩子一种像在家里一样舒适的感受吗?不管是私立学校还是公立学校,不管是小学、初中、高中还是大学,所有的学校都应该做到这一点!

近年来,中学里开发了一些新奇有趣的课题,这些课题都旨在研究环境对人类产生的影响程度。很多课题都得到了古尔班基金会

(The Gulbenkian Foundation)的资助，也正是因为有了赞助，孩子们才能做这么多有趣的案例研究。这些课题背后的意义在于，很多学校都显得冷冷清清，尤其是高中和大学的校园，再加上远离世俗喧嚣，这都使得孩子很难真正得到成长和发展。参与了这些课题的学校都开始考虑从里到外重新设计一遍校园，以给孩子创造一个不那么压抑、更舒服、更人性化和更具刺激性的学习环境。课题研究不仅让学校改造了教室和环境，还改变了整个学校的结构和运作模式，这一点非常重要。尽管做这些课题研究的初衷是为了向学校传达一个关键信息，那就是在学习环境上的投资是必不可少的，舒适的学习环境对每个年龄阶段的孩子都至关重要。说到底，如果只有11岁以下的孩子需要舒适的学习环境，那为什么微软和EGG要在美化办公环境上投入这么多资金？

作为学校一方，我们可能现在没有钱去翻新我们的教学楼，或者像大公司一样花大钱把教室装修得很豪华，但是我们可以一起努力通过其他方法把教室变得更温馨，至少不要总是一成不变，让孩子们感觉自己像坐在监狱里一样。如果我们足够幸运，正好碰到学校要造一栋新的教学楼，我们可以问问新大楼的建筑师这样几个关键问题：你怎么能确保这样的教室布局能够激发我们孩子学习的动力？你怎么确保这一建筑能适用于学校不断改变的教育目标？还有，你对微软和EGG公司了解多少？

然而，最关键的问题在于，为了满足未来学校新兴的设计需求，地方政府、学校和理事会必须先掌握未来学校的功能，知道未来学校会在教学楼里举办什么样的活动，这样才能为迎接未来的挑战做好充分的准备。综上所述，各级部门和机构都必须保证所有学校都是为孩子们的需求而设计和服务的。现在的年轻人经常会被商场里或者大街上那些设计感十足的店铺所吸引，如果教育家们能和世界上那些设计了这些店铺的建筑师交流一下，那他们一定会受益匪浅。

11　学校不仅仅是学校

> 事实上，所有人都应该对孩子们的教育负责，因为孩子们不仅仅在学校的一周五天，一天五小时里接受教育，他们在生活的每一分一秒中，也在接受周围人潜移默化的教育。孩子们接触到的任何一件事情，哪怕是从网络上搜索到一种新的味道，都可能引发他们对学习的热情。

学校是个令人着迷的地方，但它们好像有股看不见的力量，让不从事教育职业的成年人都敬而远之。学校对那些门外汉来说是个很神秘的地方，对我来说，在学校工作则有点像加入了共济会。如果你是一名教育工作者，你不会想在公众场合讨论自己的职业；大多数人都会被你的工作吓到，而且通常很可能他们都不相信你是一名教师。

人们最错误的想法之一就是学校负责教育质量，教师负责教学和管理学生，其他人只要做好自己的本职工作就好。

我必须说，人们对学校有着非常多的误解和荒诞的想法。我必须承认，有时候学校自己都觉得散布这些谣言没什么问题。但为了孩子们，我们必须击破这些谣言。

同事曾这么和我说："如果没有那些家长天天来插手学校的事，那我们和学校就什么事都没有。"校长也总是在各个场合向家长们强调学校会对孩子负责，让他们放心把孩子交给学校和教师。学校只是孩子学习的地方，学校之外才是工作的地方，一旦我们对学校有了深入的了解，就会知道这样的想法是完全错误的。我相信很多人都听过这样一句略带鄙夷的话："有能力的人不会选择做教师。"

当今世界就是个分工明确的社会，所以孩子们的教育资源并未得到很好的开发。学校应该先被视为孩子们分享经验的地方，然后才能成为学习的中心。生活是最好的老师，学校的工作应该是帮助孩子们把生活中潜移默化积累的经验转化成理论，让他们牢记于心，然后再为他们创造更多的学习机会。

接受教育仍然是我们人生中最重要的环节之一。一旦你做了父母，让孩子接受优质教育毫无疑问将会成为你生活的重心。《卡潘》(*Phi Delta Kappa*)和盖洛普(Gallop)历年发布的调查显示，50％的家长将教育列为最重要的公共问题，甚至超过了医疗保障、社会安保和经济问题。除家长之外，尽管大约只有三分之一的民众抱有同样的观点，但教育问题仍然挤进了最重要的公共问题的前三位。

大多数家长在不得已的情况下才会踏入校门，比如说开家长会、举办晚会和举行运动会的时候。有时候那些有时间和精力的家长会来学校观摩。我知道家长在和教师们谈论孩子们的学习情况时通常会感到力不从心。可能这和我们读书时候的经历有关，那个时候我们觉得教师都是遥不可及的大神，这种情感可能就这样根植在我们心里。也有可能是因为我们在辅导孩子们的学习方面越来越有心无力，会感觉自己在孩子们心中的地位已经被教师取代，我们解决不了的问题，教师都可以帮忙解决。"喔，妈妈，布罗格斯先生真是太有趣了！""琼斯太太说我们不能用这样的方法解题。""史密斯夫人真是太棒了！我现在会看钟了，她一解释我就懂了！"我们总能从孩子们口中听到这样的话，这些话让我们开始退缩；不知道为什么，我们渐渐觉得自己在教师面前很渺小，尤其是当我们明明花了一整个周末给孩子解释长的指针表示小时，短的指针表示分钟的时候。

作为教师，我们要训练自己的沟通能力、解释能力和翻译能力，但家长才是能给孩子提供经验的人。如果让学生们的家长都出来分享一下自己的工作、兴趣爱好和经历经验，那一定会很有趣。我猜想他们的工作一定都不同：管道工、律师、建筑工人、销售员、医生、艺人、模型制作师、画家、机修工和经销商等。想象一下，如果汇集家长们的知识、经验和技巧，鼓励他们和教师一起合作为孩子们设计课程，那该有多棒！我们可以创造无数的机会，这些机会现在就在我们身边。而创造这些机会的成本仅仅是让学校在家长中做一个关于工作上的经验技巧和生活上的兴趣爱好的调查。多听取孩子的意见也是有用的，但家长对学校和教育界来说是巨大的潜力股，尽管家长们拥有的力量一直被教育家甚至家长们自己所轻视。在后文，我会举例介绍家长和教师如何合作让孩子们感受到非同凡响的学习体验。

　　如果我们找到了正确的方法，并和学校建立起可靠的伙伴关系，我们作为家长就不会在家长会上问出这样的问题："你们今年要教什么？"而是会问："我们今年要教什么？"

　　只有打破家长和学校之间的隔阂，教育才能达到真正的效果。要成功做到这一点，我们不能等着对方来扭转局面，双方必须合作起来。公众对学校提出的最常见的批评之一是学校与家长沟通不善。那些被动型家长经常针对这一点提出意见，他们希望学校能主动发布孩子们的学习情况。但也有些家长认为学校应该对孩子的教育情况有所保留。但教育并不仅限于此，教育的质量会根据家长和学校的合作力度而上下浮动，而且会受限于家长和学校在时间和精力上的投入。为了和学校合作，我们作为家长绝不能只把学校当作孩子学习的地方，而要当作让孩子了解自己的学习能力和学习情况的地方。如果孩子的学习只能受教师和学校控制，那么孩子们学的知识永远都是脱离现实的。家长通常是帮助孩子们学会如何将学到的知识运用到生活中的桥梁；我们如果要找到一个能够改进现在的教育模式的方法，使之能为未来的教育目标和方法服务，那么家长们的经验、经历和技术就是非常重要的一环。

让孩子们一起创作音乐,是一种鼓励他们在课堂上多锻炼沟通能力的手段

同样,除了改变对学校的看法之外,我们还必须改变自己对私营部门和公共部门之间的关系以及教育和商业之间关系的认识。我们代代相传的道德观念将这两组定义划分得很分明。教育界长期以来都是与工商界划清界限的,因为教育人士一直认为工商业是以谋取利益为目的的行业,他们常说:"我们作为教师是以人为本,而你们工商界的人只关心利益。"所以这导致了这两个本该互帮互助的行业从来没有合作过。而工商界人士也一直认为公共部门是抱着碗乞讨的乞丐,尤其是那些教育人士。他们常说:"你们教育界的人用了我们的钱,而我们得到了什么利益?在当地报纸上给我们登一篇感谢捐款的报道是挺好的,但这效果也不过是一时的,并不会给我们带来实际的效益。"作为学校,我们错误地认为私营部门擅长的只是赚钱,所以捐钱是他们投身慈善事业的唯一方法。教育界和工商界对彼此的误解是造成他们之间不能建立可信赖的合作关系的原因。

事实上,教育界和工商界都在做同样的事:保障我们的未来。

教育界培养的是社会未来的栋梁,他们将会让我们生活的世界变得更美好。企业需要的是接受过良好教育的人来确保工商业未来的繁荣。说到底,孩子们就是我们未来养老的保障。

那些有远见的企业已经理解了这一点,并开始在与当地学校沟通管理方面的想法和技巧上投入大量精力,这部分归功于"企业社会责任"(Corporate Social Responsibility,简称CSR)这一概念在企业间的推广和发展。然而,这种合作还不是非常普遍,在中小学尤其少有。我们必须更加努力架起沟通学校和企业的桥梁,利用那些优秀小区和企业的专业管理技巧来管理我们的孩子,让他们在学校学得开心且高效。家家有本难念的经,每个小区就像一个大家庭一样,也有着很多烦心事,这些事不论大小都一样重要。随便在当地找一个商店店主给孩子们分享关于库存管理、定价和店面布局方面的经验的效果,和让一个跨国公司的老总来分享他在市场营销方面的经验的效果是一样的。让当地的美容院和学校合作来让孩子们体验理发师和美容师的工作的效果,和让有名的足球教练来给孩子们分享自己的足球生涯的效果也是一样的。

有些人可能会说,我们已经通过2008年开始实行的学生工作实习计划和学位制度达到了沟通学校和社会的目的。但这还远远不够,而且孩子们接触这些计划和制度的时间太晚了。如果我们要为学校教的那些技巧和能力增值,就必须让孩子们学会怎样将这些技巧和能力应用到今后的生活中去,而且要在孩子们一开始正式接受教育的时候就教授他们应用技巧和能力的方法。我们的孩子喜欢扮演飞行员、理发师、士兵和体育明星,特别是当他们还小的时候,他们玩角色扮演可以玩几个小时,他们已经准备好要了解周围的世界。如果学校和企业合作,我们可以利用孩子们喜欢的角色扮演来帮助他们更深入地了解世界:扮演的角色可能就会变成他们的理想。而理想有可能实现,但也只有在我们协同合作,为孩子们提供能实现理想的知识、技术和环境的前提下才能实现。如果孩子们愿意,作为教师的我们会为他们提供纸笔;各行各业的人们会给他们分享经历和经验。如果一直只有教师给孩子们分享经历和经验,他们会觉得那些都是教师编造的;但如果是来自各行各业的人们给他们分享经历和经验,他们一定会深信不疑。

作为社会的一员,我们每个人都有着极高的价值。我们必须携手合作打破对学校的错误认识,解放我们的思维,克服我们的偏见,大力发展教育事业。

伦敦南岸文化中心的艺术总监裘德·凯莉(Jude Kelly)最近发现,我们作为家长对别人家的孩子关心甚少;我们把他们看作别人家肩负的"责任"。裘德说得对,但这些"别人家的孩子"代表着我们所有人的未来。当我们老了,需要大量药物支撑生命的时候,我们今天忽视的孩子很有可能就是那个时候能照顾我们的人。这会不会让你对我们孩子的态度和行为开始有所改观?我们最终需要的是思维的转变,这样的转变能让我们所有人肩负起教育的重担。我说"我们的孩子",是就广义而言的,而不仅仅是指我们自己的亲生子女。裘德就是一个以身作则的典范,她和当地的学校合作,为伦敦的孩子们提供了一次非比寻常的学习体验。这种学习体验取代了公司进入学校的方式,选择让学生走进南岸文化中心(South Bank Centre),通过半个学期的工作体验增长自己的学识。当然,不是每个学校都能有机会和南岸文化中心合作,但我们仍然可以为孩子提供更有意义、更丰富的体验。如果教育的目的是让孩子们逐渐形成自己的价值观和人生目标,如果教育的作用是架起孩子们与社会之间的桥梁,让他们找到生活的意义,那么我们作为社会的一员,就必须尽全力帮助学校实现教育的目的和功能。

12 路在何方？

> 教育中存在的危机和我们现在面临的其他危机一样，非常严重。我们急需教育的转型，这和解决环境衰退以及经济危机一样急迫。我们的孩子很快就会长大，所以我们必须立刻满足他们在教育上的需求，不然就晚了！

这是第一部分的最后一章，在这一章，我想在进一步讨论孩子们未来将面临的挑战之前，先总结一下现在教育体系所面临的问题。

全世界现在都意识到了一个问题，那就是传统的教育模式已经不再适用于现在的孩子们。在很多国家，政府部门在探索教育体系应该做些什么改变来直面未来的挑战上投入了大量人力物力。然而，现在政府依然不敢承认，简单的改革、政策的变动甚至是推行新政策都已经无法挽救现在的教育模式。现在我们迫切需要的是根本性的改变，但在这之前，先要解决两个关键问题：第一个问题，我们为孩子们准备的是什么样的未来？第二个问题，我们要怎样让孩子们学会应对未来的挑战，让他们知道自己不仅仅是人，更应该是对社会有用的公民，是独特的存在？我们不能让那些决策者继续用走一步看一步的方式来对待教育，他们在过去30年甚至更长的时间中一直都是这么做的。他们制定的这一连串政策让全世界的学校都吃尽了苦头，而且对我们的学校和孩子们也造成了不良影响。根据乔治·布什（George Bush）的教育理念制定的"有教无类"方针在美国实行至今几乎毫无成效，这就是一个活生生的例子。英国也有类似的情况发生。在英国，像"定制教育"这种为孩子们量身定制的优秀项目都没能成功见效，因为没人清楚这个项目的目的和作用所在。就像其他大多数教育发展项目一样，这个项目的失败也可能是因为没有与现行的政策和方法相呼应，这就会让家长们怀疑项目的真实可靠性。

我们赌上的是孩子们的未来，这个赌注真的太大了。因为孩子们的人生是只能建造一次的楼房，我们绝对不能允许哪怕一厘米的误差。20年之后，我们要怎样向在我们手上被毁掉的孩子们道歉呢？然而，道歉也不能让孩子们从头来过。

我们面临的问题有一部分是政治上的问题。许多委托报告和世界知名专家都指出了我们现在正面临的挑战和问题的规模之大。不幸的是，他们提供的很多关键信息都非常棘手，而且在政治上非常危险。原因就在于我们现在讨论的不仅是政策上的微调，而且是大规模的体制转轨。在英国，我们的教育体系被中央政府官员所控制，这让很多实行地方行政的大国羡慕不已，例如美国和澳大利亚。然而事实上，体制转轨还是要靠那些一直关注而且体验过孩子、教师和学校现在正面临的危机的有识之士。但这些大国推崇的中央集权体制对大多数公务员来说又是另一回事，这些公务员一直在尽最大努力去满足各式各样的人的需求。在和许多来自全世界各地有着不同政治背景的政治家交谈和合作之后，我发现他们很多人因为被分配到能力有限且眼界狭隘的团队而怀才不遇，这些团队中通常有很多能干的中层人员，却十分缺乏有远见卓识的领导者。

真正让我们伤心和担忧的是，在世界各地的很多国家中，为了将干扰和分歧降到最小，涉及教育的政府部门全然忽视了教育专家的意见、想法和质疑，这样做还便于他们对地方事务甚至私人事务的集中控制。

肯·罗宾逊（Robinson，2001）爵士曾在他的著作《让思维自由》中这样评价我们的教育体系：

单单提高学术水平根本无法解决我们现在面临的问题，这样只会让问题更复杂且难以处理。我们只有重新认识智力、人性和创造力的本质，才有发展教育的可能。人类的智慧比我们想象的要更加丰富和充满活力，我们之前都被正规体制教育误导了。近年来，人们在脑科学研究领域取得的成功证实了人类的智慧是十分复杂的，而且受多方面因素的影响。我们会根据自己的所见所闻和接触到的事物等形成自己的人生观和世界观。这就是为什么世界充满着音乐、舞蹈、建筑物、设计、实用技术、人际关系和价值观。大脑扫描技术为我们展现了完成一个简单的动作需要同时刺激大脑的不同区域和功能。

人类文明是丰富多样的，因为人类的智慧是复杂且充满活力的。我们生来都是天赋异禀，只不过我们每个人拥有的天赋都不同。这世界上不是只有两种人——聪明的人和不聪明的人。我们每个人的智力水平都不一样，所以我们的空间想象能力、运动能力、数学思维能力等也都不同。传统教育只考察了某些特定能力。具备这些能力的孩子的其他才能通常会被忽略，而那些不具备这些能力的孩子就很可能被判定为一点都不聪明。一开始能力强的人可能会被公司开除或者失去原来具备的能力，因为他们接受的教育带他们走上了一条错误的道路。如果我们想要认真发展孩子们的能力，第一步要先搞清楚他们有哪些丰富多样的能力。(pp.9-10)

这已经成了一个全球性问题。那些知名企业和企业代表为此十分担忧，于是他们开始在议程的推动上投入大量人力资源。比尔·盖茨(Bill Gates)就是一个有力例证，他在2009年3月在华盛顿举行的政府论坛上曾发表过这样的主题演讲：

如果我们希望在经济上和企业中看到长期可持续的发展，那么教育是我们不能跳过或忽略的必不可少的基础。

然而，政府仍然被困在我们过去的定式思维中。我猜这可能是因为多年来教育界和学术界一直被捆绑在一起，所以两者在某种程度上已经融合在一起。在英国，政府曾尝试去了解两者融合的过程。由于2007年财政缩减，政府创建了创新小组，该项目旨在探索一种新的教育模式和方法，让广大民众和学生掌握教育大权。例如，迪莫斯（DEMOS）和未来实验室这类智囊团已经预见到了教育的前景。英国前课程机构——教学大纲与学历管理委员会在2010年被废除之前，已经在其精力充沛的前课程管理主任米克·沃特斯（Mick Waters）的指导下制定好了未来教育方法的蓝图，即让中央加强对课程的管理。现在孩子们在英国学的课程是根据政府的思想路线制定的，而不是在切实地考虑孩子们的未来后制定的。我们对媒体新闻头条和选举数据越来越关注，却逐渐忽略了孩子们的教育。

现在我们要怎么办呢？现在的教育制度几乎原封不动地实行了一百多年，但随着我们生活的世界的发展，我们的发展进程和对人类大脑及儿童发展教育的理解都在以难以置信的速度不断发展。可惜的是，我们的教育制度没能跟上发展的脚步。我们现在有点像那些老医生，不知道与时俱进地用那些更科学的治疗方法和药物，只知道死板地用着从都铎王朝开始流传的旧方法。

在这么多种高度发展的文化中，我们的文化属于保守派。我们是在熟悉的环境中会觉得很舒服，但到了陌生的环境就会无所适从的一类人，尽管偶尔会出现那么一代勇于挑战自我、提升自我的人。我深深地感到现在就是教育改革的最佳时机，而我们也必然成为勇于挑战的一代。如果我们现在不直面挑战，那结果将会不堪设想。

现在人们不重视教育的原因不在于现在的孩子们，而在于我们自己。无论我们承认与否，我们中的大多数人都知道，我们所经历过的教育可能让我们找到了工作，找到了养家糊口的方法，但没能给我们一个光明的未来。这本书的第一版上架以后，人们对现在的考试是否越来越难，是否应该降低考试难度等问题进行了激烈的争论。争论的结果再次证明，考试是唯一的灵丹妙药，这让我们深感忧虑。因为经济合作与发展组织2013年的报告中大部分未经报道的发现都指出，许多成年人发觉找工作越来越难，这其中的关键原因之一是太多国家都只注重孩子们的应试能力，而忽略了发展他们的就业技能。报告同样还十分清晰地指出当代职场中最重要的技能是人际交往能力，而不是那些在过去工业时代重视的认知能力。我最近深刻地明白了这一点，因为我最近在和正在进行战略变革的大规模企业合作，其中多数企业都因为员工的创新水平太低和应变能力太差，达不到他们的预期而感到十分沮丧、失望。这些企业的总裁经常和我说，他们希望能在自己的团队中找到具备应变能力、学习能力和变革能力的人才，而不是只会一味顺从的员工。我做教育工作已经超过20年，我也知道我现在接触的这一代年轻人的能力比以往肯定更突出。正如我之前说过的，他们能用更快的速度处理更复杂的事务和信息，而且他们有更多获取信息和经验的渠道，这加速了他们的成长。说起来，他们的语法可能没有以前的学生那么扎实，但他们甚至没有学语法的必要。沟通的方法已经变了，所以他们不需要像我们以前那样经常锻炼语法运用能力，我们也不能像他们那样自如地使用现代科技产品。很难界定这样的改变是好还是坏，只能说，这就是时代的差异。

然而，我相信考试制度的价值已经大打折扣，因为根据现在的形势，考试的影响力正变得越来越小。也正是因为如此，年轻人开始在考试成绩之外的领域谋求发展和成功。他们完成了我们要求的所有事情，但我们要求他们所做的恰恰都是错的。

如果想要抓住教育转型的最佳时机,我们必须先反省自己的问题,改变教育势力的平衡状态,然后改变我们的教育观。我们还必须弱化教育中的政治因素,消除教育家和政治家之间的隔阂和猜疑。最后,我们必须跳出高学术水平和"一考定终身"的思维定式,绝不能相信"提高学术的严谨性就能满足未来教育的需求"这种言论。

有趣的是,随着西方教育体系越来越注重学术性,东方的教育接过了我们生产力和工业产值的接力棒,在这段时间里,他们还在探索如何让教育方法更多样化。例如新加坡和中国香港:

为了满足未来教育的需求,他们在开发极具创造力和活力的教育方法上投入了大量资金和时间。欧洲同样在教育方法的创新上踏出了激动人心的一大步,在芬兰尤其取得了显著的效果,孩子的个人发展和技能提高成为芬兰教育发展的核心。在澳大利亚、加拿大和新西兰,人们同样越来越关注孩子们的行为、技能和心理健康的发展。可惜的是,即使是发达国家也有犯糊涂的时候,随着PISA测试越来越火热,这些国家都开始向固定的课程模式和以考试为基础的教育模式转变。2013年末发布的PISA测试数据显示,之前三年一直处于上位圈的芬兰在2012年的PISA测试中排名急剧下降,芬兰对这一情况的反应十分有趣。中国对成为新榜首的应对措施可能更有趣。在2013年8月,中国发布了一份重要的政府文件,这份文件是专门为了终结学校的"温室"教育而制定的,也是在改革创新的需求之下应运而生的。《小学生减负十条规定》的内容如下①:

1. 入学透明化。不应该将任何考试成绩和获奖证书纳入入学条件范畴。学校必须只根据学生的户籍所在地招收学生,其他任何因

---

① 所列十条规定的内容根据原文翻译,与文件的实际内容有不符之处。该文件的准确内容见中华人民共和国教育部《小学生减负十条规定》(2013年9月4日再次征求意见稿)。——译者注

素都不纳入招收条件。

2. 合理分班制度。学校必须合理分班，合理运用师资力量。绝不允许以任何理由将学生班级分为"提高班"和"平行班"。

3. "零起点"教学。所有学校必须对学生做到零差异对待，不论学生有没有基础，都从零开始教学。学校不能人为地给学生制定成绩目标，加快教学速度。

4. 不布置回家作业。规定小学不能给学生布置笔头作业，但可以和家长以及社会机构合作，给学生布置适当的课外实践作业，例如实地考察、参观图书馆和制作手工艺品。

5. 减少考试。规定小学不能让一至三年级的学生参加规范化考试，一学期最多让四年级以上的学生参加一次语文、数学和外语考试。其他任何类型的考试在一学期内都不能超过两次。

6. 实行等级评估。学校只能用优秀、良好、合格和不合格这四个等级来评价学生，而不是用传统的百分制评价体系。

7. 辅助教材最少化。在家长同意的情况下，一本课本最多配备一本辅助教材。学校和教师不允许向学生介绍、推荐或者推销任何辅助教材。

8. 严禁补课。学校和教师不能在课外时间如寒暑假和其他节假日组织学生补课。公立学校和其中的教师不能组织或参与任何补课活动。

9. 一天至少保证一小时体育活动。学校必须同时保证全国统一课程和体育课的正常进行，以及课间的体育锻炼和眼保健操。

10. 加大执行力度。政府各教育部门应当进行常规视察，监督各校减负措施的执行以及上报情况。负责执行减负措施的所有人员都归政府直接管理。

当我们还处在学校的"面子工程"以及提高 PISA 测试排名的压力中时，中国已经转移到了另一个战场——GEDI 排名，这是由全球创业发展研究所（The Global Entrepreneurship and Development Institute，简称GEDI）创立的排名表，我因为受优秀教育评论家赵勇（一位在美国俄勒冈州工作和生活的中国人）的影响，开始了解这一排名。这一排名表作为年度报表的一部分，以新型商业活动和创业活动的情况为评分基础，详尽地分析了所有参与排名国家的经济活动水平。公众对这个排名也越来越关注。2014年的排名情况为：位于首位的是美国，紧接着的是加拿大、澳大利亚和瑞士，这其中除了美国，其他国家都在过去几年中投入大量精力制定更全面的教育体系。英国位于第10位，领先新加坡一位。中国位于第47位，和其他金砖四国排名差不多。巴西、俄罗斯以及印度分别位于第81位、第70位和第76位。

印度在进入千禧年之际开始进行教育重点的重新调整，与此同时，世界最大传媒公司之一的Zee传媒决定开创一种新的教育模式来培养能应对21世纪的挑战的人才。现在Zee传媒已经在印度开设了近百所学校，它开始这个项目是因为：

> 对印度来说，如果想要达到两位数的GDP增长目标，就需要充分利用现有的所有资源，而印度最丰富的资源就是我们的人力资源。但可惜的是，印度国民现在的能力还不足以接受带领印度改变命运的挑战。印度国民中35％是文盲，剩下的接受过教育的人中也没几个能被公司雇用。这是因为他们对知识的渴望、对自我潜能的探索都已经被我们死板的教育方法毁掉了。每个人都必须用一样的方法学习，只能通过考试证明自己的能力，我们甚至没有一个能给每个孩子展现自己独特魅力的平台。

所以，我们现在急需解决的一个问题就是：为什么我们要花这么大力气,赌上我们的未来去再次引入这个已被证实无效的教育体系?

我们的孩子需要在学校培养起自信、自尊、创新创造思维、团队协作能力和人际交往能力,这样他们才能在这个世界舞台上占有一席之地。不仅是我们,其他国家乃至全球都意识到这点,但你知道你的孩子最近一次参加以培养这些能力为首要目标的课程是什么时候吗?我们的教育测试体系中又是如何评估这些能力的?

但如果我们把所有的压力和过错都抛给政府和官员,也是不公平的,因为事实上机会一直存在,学校是有能力去创新和改进教育方法的。但这对大部分教育机构和社会来说的确也是一个非常大的挑战。在某种程度上,类似"如果能……,那一定会很棒,但当然我们不能这么做,因为政策不允许"这样的说辞是学校一直以来使用的障眼法。学校一直都比我们想象的更有权利,这就意味着,一定程度上,我们完全有义务承担教育改革这项重任。这么多年来,伟大的教育家们一直高喊着教育改革,如肯·罗宾逊爵士和约翰·霍尔特,但一直没有人真正做实事,现在我们必须行动起来,不能再等别人来给我们答案和权利。是时候一展身手了。这说起来容易,做起来却没这么简单,因为教育改革本身就是一项巨大的挑战,改革者必须要有极大的勇气、宽阔的眼界、卓越的领导力、全身心的投入和出色的实力。是时候让教育专家站出来证明自己的实力了,是时候让我们团结起来,带着对教育的无限憧憬,积极地行动起来了。

在第二部分中,我将会介绍一些即时可行的方法和手段,希望能借此帮助我们的学校不断进步,鼓起勇气直面挑战。我曾在庄园生活过一段时间,那个时候,庄园里的人制订了很多策略来保证庄园正常运作,我介绍的这些方法中,有很多就是基于那些策略,而且也已经在实践中验证了其可行性。从某种程度来说,这将会是一个由一群了不起的教育工作者、无畏的领导者和支持学校的家长们,以及最重要的，能创造奇迹的孩子们共同主演的故事。我也会谈到如何应对教育改革带来的挑战。

未来是光明的。教育界到处都是精英，不仅有充满活力和创造力的领导者，而且有能推动教育系统不断发展的蓄势待发的领军人物。同时，有了家长们的合作，我们还可以挖掘更多新方法，不仅能帮助我们完成教育改革目标，而且能照顾到每个孩子的生活、学习，使他们快乐成长。

第二部分

教育的可能性

13 绘制蓝图

> 你从来没有停止过想象未来的你。你的雄心壮志从来不会因为当下的困难而受到限制。我们能实现所有梦想。

格兰奇小学

几年前，我有幸在旅游的时候遇到世界各地很多对教育事业充满热情的教育家，所以相比之前，现在我对政府在学校系统上实施的这些看似无尽的教育转型、课程改革和重组计划有了更清晰的认识。当我在将教育和其他我曾有幸合作过的机构和公司做比较的时候，我才清楚地发现，改变我信仰的不是教育体制和结构，而是体制和结构中的人。而我们的学校和孩子也不幸中招，来自政府由上而下的干预政策尽管大多是短期且被动的，但仍对教育造成了与预期完全相反的影响。对于我们的学习方法和我们面临的挑战，我还有了其他一些与众不同的想法和理解。所以，和其他无数的教育者一样，我在多年后才发现，自己对身为教育者应该做什么和应该怎么做感到焦虑不安和困惑，甚至一无所知。在格兰奇小学，无论多么激励人心和具有法律约束力的政策，都无法为我们的孩子提升学校的教育质量，而问题的答案在于孩子和公众，当我意识到这一点，我恍然大悟。

我在2001—2002学年末接手格兰奇小学。那时候，学校有个明显的特征——因为世代沿袭下来的教育模式而痛苦地挣扎着。不仅教职工们心力交瘁、士气低落，就连学校自身都找不到自己的定位和目标。所以，那个时候，孩子们接受的教育和时代是脱轨的。

格兰奇小学的教师团队由一群尽职尽责且经验丰富的教育专家组成，他们不仅对学校忠心，更重要的是，他们对学生也尽心尽力。然而，他们却渐渐迷失了方向。教师按照政府沿用下来的方针和策略照着书本上课，他们这么做是为了确保自己能按照指令完成任务。如果学生的考试成绩差，那么当地政府就会给学校施压，要求学校加大力度，将教育重心放在考试准备和提升应试技巧上。这就导致教师的士气越来越低落，眼光越来越狭隘。同时，这也加速了学校的衰败。教师们知道他们没有为孩子提供一个充满活力的学习环境，所以孩子们也没有学习目标。事实上，学校已经到了一个被剥夺其应有的权利的危急关头。教师对教育没了热情，孩子学得也就更没激情了。

在过去的20年里，负责学校改革的人采取过无数策略，这其中变动最大的策略之一就是让大众对教育形成了这样一种误解——要想提升教育质量，学校就必须在制度的建设和落实上投入更多精力。这种策略一旦开始实施，孩子们必然会在这场数字游戏中迷失自我，只能用数据来衡量自身的价值。我之所以选择暂时停止教育工作，就是因为我发现自己在看着学生的时候，脑子里剩下的只有他们的考试成绩。"强尼不应该只有四级的水平,他至少多丢了15分,这就意味着平均分又少了两个百分点。想要把平均分拉回来,要从哪个学生开始下手,用最快的速度让其把成绩提升到四级水平呢?啊,找到了,艾尔西!她离四级就差两三分。我接下来要多辅导辅导她,这样才能确保我们的平均分达到今年学校定的目标。"

在格兰奇小学,一切都回到了原点,我们开始将重心重新放回到孩子们的基本能力上。在看着孩子们的时候,我们扪心自问:希望孩子们在结束格兰奇小学的学习之旅后变成什么样的人呢?学校是时候重新审视自己,找回自己肩负的道义和责任了。在我看来,任何一所准备开始改革的学校都必须从问题的核心和基础着手,先改变教学方法,否则我们就像身处超负荷轨道里的卫星一样绕着问题瞎转,却无从下手。学校领导必须鼓起勇气给广大师生一点时间来抵抗外界施加给他们的压力——在有限的时间里完成规定的目标。

我们想要真正完成教育转型,就不能操之过急,而且必须先有清晰的规划,有了规划才能让学校和师生充满激情地度过接下来的难关。

在我看来,将这种方法描述为灵感的升华是最好不过的了。我在很多成功的学校和其他机构中都见识过这个方法,想要使用这个方法,必须先营造一个真诚和信任的大环境。大多数在困境中痛苦挣扎的学校都有许多毫无斗志甚至伤痕累累的教师,他们的自尊和热情几乎早就被消磨殆尽了。当你意识到这一点的时候,就会知道教育转型有多么艰难。很多学校都给了教师和学生过多的压力,不断要求他们提高成绩,所以如果我们改革的进度太快,很多师生会陷入混乱、恐惧和愤怒的状态。格兰奇小学的成功是建立在不同范式上的:以沟通交流为前提,渐渐取得师生们的信任,再通过专业的方法和更深层次的交流成功实现转型。我一直在想,在面对孩子们的时候我们一直使用我们的领导者技能,为什么在处理成人世界的问题时就做不到呢?比如说,我们在教学时会考虑到每个孩子的不同需求,并努力满足他们的需求,从而帮助他们取得进步,但我们不会用同样的方式去对待每个员工的需求。

在我们开始进行转型之前,不要执着于考虑转型结束后的教育结构和模式会是什么样的,这也是非常重要的一点。我曾经就经常能看到这类错误的发生:人们想在开始前就知道所有问题的答案,这从许多方面都会不断降低创新创造能力,而这些能力恰恰是取得惊人成就的关键因素。所以,在格兰奇小学,我们会通过问一些抽象问题来开始升华的过程。比如,我们要怎么做才能把学校变成迪士尼乐园?如果我8岁,我会想学什么东西?我们要怎样把知识销售给学生?为什么识字课和算术课这么无聊?

我们有了一个有趣且激动人心的发现:人们会热情却也不失头脑地回应这些问题,因为站在他们的角度来说,原本做了万全的准备来回答问题,却没想到突然被问了这样滑稽的问题,所以他们才能卸下盔甲,毫无负担地回答这些问题。他们没办法用事先准备好的答案来回答问题,而这些开放性的问题立刻减轻了他们的负担。但事实上,我们的问题相互之间都是有联系的。我在转型初期最快乐的时光之一就是在教师的午休时间走进他们的办公室,发现他们在激烈地讨论着我们前一晚在教师会议上问的那些抽象问题。我们通过以提问和发起争论的方式作为转型的开始明显起到了促进交流的作用,在教学上也赋予了教师更多权利和自信。

恢复教师自信后,离升华的第二阶段——灵感的结合和计划制定的开始——也就不远了。在这一阶段,教师们会发现他们其实有着相同的想法和灵感,而且他们会开始和学校中不同领域的教职工沟通交流。有时候,这也会在之前有过合作的教师中发生,但他们只是在一个较浅的层面上进行交流,因为他们已经知道自己和对方没有很多共同点,他们是不同类型的教师。领导团队扮演的角色是鼓励教师去开拓思维,让人们评判他们提出的一些建议,然后开始制定计划。这个环节的积极作用就在于沉默寡言的教师不会成为拖后腿的人，而是每位教师都可以参与其中。而且，这不用依赖那些一定要全票通过才能实施的单调乏味的策略。

有趣的是，越来越多的人很快投入其中，这也就意味着学校已经有足够的动力来进一步推动转型，甚至进行到了升华的第三阶段：灵感的交流和真诚的对话。从很多方面来看，这都是最困难的一个阶段，因为诚实和时间少了一样都不行。教师们必须在这个时间聚集起来，一起重新审视计划的可行性，不断改进。重要的是，教师们对待自己的工作一定要绝对诚实，而且乐于和大家一起分享哪些策略是有成效的，哪些是行不通的。教师的研究绝不能只停留于表面，而是要去探索为什么这些方法造成的影响既有积极的也有消极的，这一点也十分重要。这也就将他们的交流引领到一个新境界，这个时候，教师互相分享的想法会促使他们迸发出新的灵感，擦出不一样的火花。这股转型的推力会因为领导者团队而变得更加强劲，想要达到这个效果，他们就必须开始博采不同领域的思想，然后研究出一个可行的方案，找到适用于全校师生的方法。

接下来就是将灵感、计划和想法融合到全校性的策略中去，这样才有助于修订策略，并逐渐形成一套体系。这个过程不论在哪个阶段都不会给人一种自上而下的压迫感，从而可以尽可能地减少学校和师生之间的冲突，而且会增加他们对转型的好感。在格兰奇小学，我们做到了在一年半内完成了预计要耗时五年的转型工作。

我们在前期交流中得出一个显而易见的结论，那就是我们想通过孩子们的品格、技能、能力和价值来综合评判他们，而不只是通过他们的考试成绩。我听过很多教师这么说："萨米？哦，是她！这孩子很优秀，肯定有五级的水平！"光凭这一点，我们对萨米能有多少了解？为什么她就是一个优秀的学生？我们想给格兰奇小学未来的家长们展现除成绩之外的更多具有说服力的证据，希望在给他们介绍我们任何一个高年级学生时，都能自信地说："如果你把孩子交给我们，你的孩子将来就会变得和她一样优秀。"显而易见，如果我们想要提升教育质量，我们首先必须提高他们的自信心、自尊心和自我价值感。现在的教育体制下的很多孩子之所以成绩不好，是因为他们缺乏自信、自尊和目标。这类孩子中的大多数都被贴上了"特别关注"的标签，而且通常教师会给他们布置较简单的作业，希望他们能奇迹般地自己补回那些基础知识，追赶上大部分孩子。

当我们着手开始推行我们称为"学习记录"的政策时，交流才算真正开始。我们先开始观察目前来说学校里年级最高的孩子们，大约10—11岁。我们想知道"成功"的学生应该是什么样子的，他们在不同的环境下会如何表现，他们会如何面对挑战、困难、外界的干扰、信息和高科技产品。我们还想要将他们和所谓的最"失败"学生直接进行比较。这个过程能够帮助我们理清思绪，我们到底想要将学生培养成什么样子。我们可以为优秀的学生在毕业之际建立个人学习记录，完整地分析其记录，并且积极推行从每个孩子3岁上幼儿园开始就为其建立个人学习记录的方法。然后，我们会每年为孩子们设置一个成长目标值，让他们掌握应有的技能和经验。这项政策的推动基于以下几个关键问题：我们今年要推行什么策略？我们能为孩子们的自我开发提供什么机遇？我们今年要教授给孩子什么关键学习技能？成功应该如何衡量？成功之后，我们要怎样和孩子们一起庆祝？

得益于这一系列的过程，我们第一次清楚地知道我们的教育理念的核心是专注于人类发展。我们通过制定新的目标赋予课程新的意义，对儿童成长也有了新的见解和方案，因为每当我们检验对外战略的可行性时，都会考虑这是否与我们的学习记录所制定的目标相匹配。尽管这项政策还只是一个雏形，而且被替换过，但最后的结果并不重要，我们在制定政策过程中获得的感悟和建立起的新型师生关系才是意义深远的。

接下来的一个至关重要的过程就是探索如何让孩子们在课程中完全掌握那些核心技能——阅读、写作和计算等技能，同时让孩子们感受到在学校学到的知识和技能不仅在当下是重要的，而且在他们长大后也是不可或缺的。我们要用一个独具匠心的方法去克服困扰格兰奇小学已久的教育负荷超载的问题。我们到底要怎么做才能建造一个学习的迪士尼乐园呢？

我这个人想法很简单，我有一个缺点就是不会透过现象看本质：那些被蜿蜒的藤蔓遮盖着的核心。我的职业伙伴们会在按照指令行动前质疑策略的可行性，对他们来说，这已经变成了惯例，我对此感到十分欣慰。如果我们要开发更具创造性的课程，就要跳出思维定式，从更新颖、更简单的角度入手。我们还要给创造性课程下个定义，现在可以确信的是，它绝不能作为附加或"马后炮"为现行的教育模式服务。

当我们提及"创造力"这个词语的时候，尤其在教育领域中，我们就已经踏进了误解的雷区，这其中有许多错误的观念和解释。或许对我们来说，在教育发展中探索创造力的无用之处会简单得多。

我知道有一些学校声称自己是创新课程的领导者。他们确保了孩子们在课程中能接触更多有关艺术、音乐、舞蹈和戏剧的知识。教师们会时不时举办一次"创意日"，或者每个学期举办一次"创意周"。有些学校将每周五定为"创意日"，作为孩子们平时认真上课的奖励。

我们的确可以在艺术作品中发现许多创意和创造性的表达，但是"搞艺术"不一定就能表现和培养创造力。将创造力定义为一门课程，一种能够通过教授掌握的简单技能或素质，再或者是对艺术的保护，都是十分危险的假设。

几年前，我参加了联合国教科文组织（United Nations Educational, Scientific and Cultural Organization，简称 UNESCO）有关艺术教育

的会议。这对我来说是一次难得的经历。会议上的发言者之一——日本代表团的一员——敏锐地指出我们的学校在艺术教育上的关键问题之一。他以一个班级的小学生画的肖像画为例。这些小学生的绘画技巧已经十分娴熟，颜色运用也十分到位，但他们的画从本质上来看都是一样的。美术教师手把手地教他们画画的时候，就是在传授她自己的绘画技巧，所以孩子们一直在用心地模仿她的画作和技巧，以至于他们的成果都相差无几，这显然不是有创造力的表现。在音乐课上教孩子们唱歌也是同样的道理；他们可能会学会如何用可爱的声音和技巧演唱，但这并不是一个表现创造力的过程。

然而，更大的问题是，人们错误地认为在教育界逐渐提倡"创造力"会引发家长们的恐慌，他们会害怕教育重返20世纪七八十年代那种过于崇尚自由的状态，害怕一些非学术性的艺术节会影响孩子们的学习。

创造性课程其实和其他形式的课程并无区别，它和那些课程有相同的学习要点、信息、技巧、素质和知识架构及经验，其创造性来自它独特的教授方式。从本质上来说，授课方式一定要灵活，能满足孩子们的需求，而且最重要的是要集中培养孩子们探索、猜想和调查研究的意识。我们的教育方式一定要能开发孩子们各方面的能力，但要给他们足够的空间和时间去自己探索发现，以满足他们的求知欲和想象力，这样他们才能对课程一直抱有新鲜感和挑战欲。孩子们一定要能在这样的教育方式下掌握主导权和所有权，我们也一定要为他们拓展思维、发展新观念、找寻探索的新方向提供机会和保障。

人们在谈起培养创造力的挑战时自信满满，仿佛有法可循。《我们的未来》(*All Our Future*)这个报告就提到了创造力的四个主要特点：

1. 一定要有创造性的思维和表现。
2. 一定要认准一个目标，有目的地举办创意活动。
3. 一定要原创。

4. 一定要有对目标有所贡献的成果。

每个人生来都有自己的独特之处,所以,将培养孩子们的创造力作为课程内容的主要目的,是为了确保大众能对教育有所改观,教育的核心应该是帮助孩子们学习新的技能,培养他们各方面的能力,让他们收获更多的经验和知识,不仅对新的知识有所渴望,而且能获得满足他们的渴望并时刻激发他们求知欲的知识,让他们找到适合自己的学习方法和解决问题的方法,学会辩证地思考,自信地迸发灵感。

在格兰奇小学,我们需要一个实验品帮助我们理清头绪。这个实验品不仅要符合法律规定,而且必须有一个切实的目标。现行的全国统一课程就像一条主干河流,政府机构和社会机构就像它的支流,影响着全国的学校。相比这样复杂的模式,我们的实验品一定要简洁、周期循环,而且在本质上要能不断完善。如果将模式定死,那么效力马上就会消失。也正因为如此,无论政府出台什么政策,政策在出台的同时就已经失效了。

最后我们得出了一个结论,教育模式的核心是发展学生的各方面能力,而不只是学习能力。为此,教育模式一定要包含以下四个核心要素:

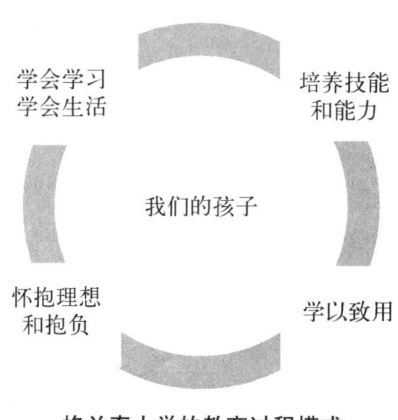

格兰奇小学的教育过程模式

在接下来的几章，我将具体介绍这四个要素，以及它们如何齐心协力地解决书中第一部分提出的我们在教育中遇到的诸多问题，消除人们的顾虑。

14 培养全才

> 孩子们不是等着被知识灌满的空瓶子。我们绝不能用他们的"容量"来衡量他们。毕竟,火可不是被优等生发现的!

因此,我们世世代代一直将教育的重心放在学习新事物上,主要是学习概念和积累知识。我们机械地按照课程表开展学习活动,利用课本学会了如何计算长除法和分数,还知道了一年有365天,英国国王亨利八世有六个老婆,其中有几个还是悲剧收场。我们学习的这些知识全部都是教师告诉我们的。

然而,我们现在知道了,今天被视作重点的知识可能明天就不再重要了。但学习与理解知识的技能是伴随我们一生的。

可能最关键的问题在于我们的教育缺乏自主性,教师是传授知识、学问和真相的发件人,学生就是收件人,这导致孩子们学习越来越被动,他们的创造力逐渐在学习过程中消失,学习在他们眼中开始演变成简单的对错,他们也就不再主动去探索创造,就只等着教师告诉他们答案,然后把答案记住。这一问题就导致学习者失去了他们与生俱来被赋予的探索世界的权利,而这个权利正是学习的关键所在,因为它给了孩子们学习知识的动力,让他们体会到自己存在的价值,找到一种归属感,更重要的是能够让他们满怀信心地去学习和锻炼自己各方面的能力。

我清楚地记得,那件事发生的时候我在哪里。那个时候,我正在改写这本书的初版,当时我就坐在现在的位子上,不断敲击着键盘。另外一个房间里的电视也开着,我在等着观看美国第43位总统的就职演说。我和数千万民众一样,为巴拉克·奥巴马的上台感到震惊不已。2008年的11月4日,他在美国总统大选中大获全胜,随后在2009年1月20日正式就任,翻开了世界历史上的一个新篇章。令我印象最深刻的是,他成功地在总统竞选中获得年轻选民们的青睐,撇开了年龄、信仰和背景去帮助他们理解政治和历史的力量及影响力。如今,他变革的颂歌已经成了他胜利的唯一秘密武器,这增强了国民对国家的赋权感、使命感和归属感。在利用新媒体与年轻一代和弱势群体沟通交流上,奥巴马投入了很多时间、精力和金钱,希望通过这个方法让他们团结起来,不只是给予他们一种兴奋感和价值感,更要让他们知道,每个公民对国家都是重要的,改革不是一个人的任务,而是美国作为一个国家和集合体的使命,美国要如何同心协力去创新,去克服摆在自己和世界其他国家面前的难题,这才是改革的重点。实际上,奥巴马的诀窍在于他让每个美国人真切地感受到了"我的人生我做主",通过这个方法,他成功地让这个地球上最强大的国家重新振作起来。在他上任之后,我们经历了始于2010年的"阿拉伯之春"运动,年轻人相信他们有能力改变国家体系,不需要等待政府的层层批准,他们的信仰和社交媒体的大肆宣扬成为一系列起义和革命最大的幕后推手。我记得那个时候,我刚结束了在荷兰一所大学的演讲,在演讲中我提到了埃及发生的一些事件,一些年轻的学生在演讲结束后找到我,告诉我他们这一代会重新定义民主的概念。奥巴马的成功对我们在座的所有教育者都是一个深刻的启示,让我们知道如何与年轻一代接轨,以达到重振教育的目的。

我们都以为孩子只有坐在精力充沛的教师面前才能认真学习。作为电影制片人和教育界的佼佼者,劳德·普特南(Lord Putnam)勋爵几年前就曾提出让休影期的演员来填补教师的缺口。我最近看到新闻上说有些"教育专家"建议所有的教师都接受与演员类似的培训时,才想起这回事。这也就说明,学习新事物的最好方法就是通过教师的言传身教,而言传身教是学习的最佳方法。你不能否认一个有趣的教师比一个枯燥乏味的教师有趣多了。一个优秀的销售员自然是会做生意的人,但如果产品的质量好到让你心动不已,那么你在进店之前就已经知道了自己肯定会买下它。

如果我们仅靠教师来给孩子传授知识,那为什么大部分的人类学习在孩子3岁之前就发生了?3岁之前,我们连学校是什么都不知道,更别提教师了。

教师是学生学习过程中至关重要的一部分。他们的专业素养、经验和热情对一所成功的学校来说是必不可少的,但如果认为教师应该是能教会孩子一切的人,那这种想法是完全错误的。我经常能看到这种情况,温柔的教师对着不爱学习的孩子循循善诱,让他慢慢

赋权是激励孩子学习的关键

开始爱上学习,但到了另一个有着不同教学方式的教师那里,这个孩子除了闭上嘴乖乖地听话,没有别的方法,因为他们的个性相互冲突。我发现那些成绩优秀的学生都是在遇到一个循循善诱的教师之后才取得了惊人的进步,这样的教师只会看着他们在知识的迷宫里挣扎,因为学生才是要对自己的学习负责的人,他们只是不知道方法而已。教师领进门,修行靠个人。真正优秀的教师应该有激发学生学习兴趣的能力,让学生们自己去探索、质疑和发现。优秀的教师做的就是激发学生的兴趣,然后赋予他们自由发展的权利。

作为教育者,我们的工作就是确保我们的孩子能意识到要对自己的学习负责,要做自己生活的主人。

在格兰奇小学,我们希望孩子们做的一切都是自发的,而不是因为我们的命令。同样,我们希望他们不是因为被强迫才去学习,而是因为想学才去学;我们最后希望的是他们在学习上不要过于依赖教师。如果我们纵观整个教育周期,连同学前教育一起,就会发现一个有趣的现象:在托儿所,教师反而给予了孩子们更多自由,他们那个时候反而更加独立;孩子们会自己选择参加什么活动,通过图案、形状、空间、声音和沟通交流去探索世界。他们不是通过坐在教师面前听讲来收获知识,他们生来就知道怎么去学习;他们会探索、会质疑,也会成长。当进入小学,孩子们就变得越来越不主动了,最后就变成了他们坐在教师面前静静地听教师讲课。我们没有培养孩子们自主学习的能力;相反,我们几乎是在压抑他们的天性。如果想要孩子成为技巧型学习者,我们就必须帮助他们学会运用他们的天赋,然后帮助他们发展天赋和技巧,让他们能够受用一辈子。这些天赋和技巧不仅有助于他们学习,而且有助于培养他们的学习主动性、创新性思维、解决问题的能力以及独立性,而这些恰恰都是那些职场新人最缺乏的素养和能力。

不幸的是,有些时候我们为了正确培养孩子们的学习习惯,必须禁锢他们的天性。我们都是罪人，因为当我们的孩子在努力寻找答案的时候，我们就直接把答案摆在他们面前；因为当我们听到孩子在家里朗读碰到不认识的单词的时候，我们几乎是反射性地将答案脱口而出。我们应该做的是鼓励他们自己去找到问题的答案："自己读读看。从书上的插图中能找到什么线索吗？读读上下文，看看有没有什么单词能帮助你理解这句话。"

这样的鼓励至关重要，因此学校中的任何课程都必须将重点放在发展和理解学习的过程上。我们不需要为他们造房子，但我们可以为他们提供工具，这样他们就可以随心所欲地建造自己想要的房子了。

尽管这看起来像是个艰巨甚至不可能完成的任务，但事实并非如此，而这要归功于包括霍华德·加德纳和盖伊·克拉克斯顿在内的许多杰出的教育家在教育方法方面进行的研究和开发。帮助孩子去理解最高效的学习不仅仅是为了培养他们的学习能力和技巧，也是为了让我们了解身心健康和环境如何影响我们的学习能力和思维敏捷度。

理解大脑是如何运作和环境是如何影响学习的对孩子们来说非常重要。有很多书能够帮助教师和家长理解这些重要的学习平台，它们的原理是一样的。成为一个成功的学生，很大程度上依赖好的心情、惬意的环境以及对不同区域的大脑是如何运作的理解。

有意思的是，我在格兰奇小学工作期间，这一教育理念开始得到英国政府的正式承认，甚至在2005年发布的《每个孩子都重要》中得到强有力的认证。随着政府开始强调卫生部门、社会公益服务机构和教育部门的跨界合作，这种合作模式确保了教育机构能够照顾到孩子们的方方面面，让他们健康快乐地成长，成为生活的主人。我们要清楚地认识到，学习之旅涉及的远远不止课本上的知识。学校必须合理利用资源来发展设施，以此帮助我们的年轻一代学会如何应对学习和生活两不误的挑战。

如果我们小的时候足够幸运，我们会在充满关爱的环境中成长，有朋友和家人一直鼓励支持着我们，为我们的成长创造最完美的条件，所以我们长大后会变成充满自信和安全感的人。可悲的是，并不是所有的人都能有这样的成长环境，而且更可悲的是，在这个越来越断裂的世界，人与人之间的距离越来越远，所以每个人都越来越难找到安全感。安全感对孩子学习上的成功是一个必不可少的因素。大多数不爱学习的孩子会叛逆的原因就在于他们无法理解和表达自己的情感，而且他们不知道怎么去实现自我价值。

因此，我们对大脑是如何运作的理解就显得尤为重要。比方说，我们大脑被称作爬虫脑的区域控制着我们最基础的情绪反射。所以，如果我们遇到了意料之外的情形，或者在一个陌生的环境，或者受到了惊吓，我们通常会下意识地想要逃跑。但我们有时候也会一下子愣住，也可能会变得咄咄逼人。孩子们在被鼓励去探索发现他们未知的世界的过程中难免会有意外和恐惧，他们会用这些方法来保护自己。如果我们可以帮助孩子们了解这些情感，那么我们就可以帮助他们分辨自己的情感，然后学会控制情绪。

在格兰奇小学，我们开发了一个培养方案，名为"秘密房间"。这个教室是由我们团队中的两位高素质且经验丰富的教师设计并实施运作的。整个教室被布置成套房的样子，有一间配备齐全的厨房，一间有着软装潢的休息室和一间客厅。孩子们被邀请去完成一些精心设计的任务，以此来培养他们的自我价值感、团队协作能力以及发现自己的优缺点。被选入参加这个活动的孩子都是那些不爱说话、有高度自闭症倾向、攻击性强和因为某些情感创伤而缺乏安全感的孩子。尽管被选中的孩子会在教室里花大量时间去完成各种任务，但效果却是非常惊人。这些孩子取得了巨大的进步，对作为学习者和学校里低年级成员的孩子产生了不凡的影响。其中有一个孩子原来非常孤僻,不爱和任何一个人说话,但在参与这个活动不到一年的时间里,他就能在圣诞剧(nativity play)中扮演主角,而且表现得非常出色。

这个培养方案充分显示了这一教育理念的成功。不先把重点和精力投入在培养孩子们的基础技能和知识上的话,学校教育也不过是浪费。那些参与了活动但没能完成所有任务的孩子仍将被列为"问题学生"和差生。

这间奇特的教室还带来了一个惊人且强劲的效果。我们都知道很多脆弱的孩子来自文盲家庭,于是他们对学校也有着某种程度的恐惧感,而且他们更需要家庭和学校的支持。越来越多的家长对我们的方案产生了兴趣,因为对孩子们来说,在完全不像教室的教室里参加这些活动完全不会有负担。有些家长来接孩子放学时都会在教室门口探头探脑,这些家长渐渐地被教师的能力折服和吸引,也会慢慢开始参与其中,而这自然会给孩子带来积极的影响。

然而,成功的关键并不是那间被改造的教室,而是其背后的教育理念——学习环境是第一要素。为了帮助我们的孩子健康成长,必须知道怎样才能让他们达到最高效的状态。举例来说,一个坐不住的孩子不一定只是个捣蛋鬼,他可能需要一些物理刺激来集中注意力。有的孩子仅仅听教师的解释说明是无法理解课本中的知识点的,他们一定要亲眼看到证明过程才能完全理解,这种孩子被称为视觉型学习者。

我在播放着音乐的环境下工作效率最高。在担任校长期间,我的办公室里有一套音响,一整天都会播放着音乐。我在家里的工作室工作时也会这么做,因为这样能帮助我集中注意力。我身边有些同事一定要在安静的环境下工作,而我要坐在温度适宜的窗边才能专心工作。这是别人都没有的习惯,每个人都有自己独特的喜好。重要的是我们需要知道怎样才能让自己效率最高,知道怎样改变周围的环境来帮助自己达到最高效的状态。我花了很长时间去研究这个现象，却是在自己开始探索大脑潜能之后才真正悟出其中的道理。

如果我们的孩子能学会自我调节，那么他们的潜能和学习环境对他们的影响绝对是超乎想象的。事实上，正是由于这项发现，我们才开始允许学生在教室里喝水，因为如果大脑缺水了，它就不能正常运作。

回顾你的学生时代，你是那种经常因为转笔而挨骂的孩子吗？你现在还会在打电话的时候无意识地在纸上涂鸦吗？这些都不是坏习惯，因为它们是你思考过程中帮助你集中注意力的强化剂。

学习是一种非常个人化的体验。我们都是特别的个体，因此，对我们每个人来说，每段历程都有着不同的意义，都能激发我们不同的思考和情感。也正是因为每个人都是独特的，我们才能被定义为一个物种。教育的目的就是帮助我们不断成长，我们必须确保教育能帮助我们培养自我意识，并且找到适应社会的方法。正因为如此，懂得"人活着就要学习"这个道理必然是我们教育的根本所在。

15　打破传统的学科框架

> 是谁发明了文字？

当今世界的专才教育极大地约束了孩子们所在的教育体系的发展。正如我之前谈到的，专才教育会让孩子的世界观变得抽象和狭隘，这也使得孩子们的能力得不到真正的提升，因为他们的知识都是与现实世界脱节的。

当然，教给孩子们一些帮助他们发展智力和能力的关键技能也是十分必要的。与沟通和计算有关的基本技能及素养是年轻一代成功的关键。如果缺少这些技能，他们就会越来越难以适应当今世界，更别说什么未来世界了。培养孩子们的读写和计算能力无疑是每个教育阶段的重点。不仅在定义教育模式的过程中需要思考和改变，而且在我们教授这些基本技能的过程中也应该不断转变，但这个理念也引起了不小的争议。

我最近迷上了《哈利·波特》，因为我相信 J. K. 罗琳（J. K. Rowling）和她的少年魔法英雄的故事不仅在我们的孩子中重新刮起了阅读的风潮，而且在成人的世界里也产生了极大的影响。但令人惋惜的是，我发现决策人试图提高孩子们读写素养的举措最终变成了过度死板、复杂、与时代脱轨的政策。最后，他们导致至少两代儿童越来越排斥书籍，只会中规中矩地读书。在我还是孩子的时候，一直到高中，我在英语学习中都非常热爱阅读，虽然因为老师一直要求我们写书评，去挖掘作品中深刻的内涵和复杂性，我开始变得有些厌烦，但我那个时候是真的把阅读当作一种乐趣和享受。我还是不能相信那些伟大的作家在创作的时候真的会考虑得这么复杂和深入。如果你给莎士比亚(Shakespeare)看《纽约时报》给他的戏剧写的评价，难道他会说"噢，没错！这就是我在写《罗密欧与朱丽叶》时想表达的东西"？

对很多决策者和学者来说，读写能力的发展意味着阅读能力的发展。现在，5岁的孩子就会用我们16岁时才掌握的方法来分析、理解书中的内容，而这只是为了准备考试。当我的孩子在家里看书的时候，他们是为了在书中寻找乐趣，通过书籍去探索不一样的世界，去发现新事物，而不是为了去了解作者写书的意图。对有些人来说，这可能也挺有趣的，但对一个10岁的脆弱的孩子来说，这简直是最无趣、最没意义的事情了。我们生活在一个新媒体统治下的世界。戏剧导演和成功的作家们也意识到这一点，所以他们在工作中开始使用越来越多的电影手段，为的就是吸引大众的眼球。这其中对我来说最成功的例子就是一位犯罪小说家的作品，这位作家叫詹姆斯·帕特森(James Patterson)，他的作品在新媒体的影响下渐渐变成了电影式的风格，这样的风格改变了读者的阅读节奏和感受，这种风格和现在流行的视觉媒体十分相似。

所以，为什么《哈利·波特》这么成功？我相信一定会有学者去详细研究其原因，但对我来说，主要原因只有两个：首先是因为很多孩子都能从书中找到同感。书中描述的是一群孩子的故事，尽管他们身处魔法世界，但那是一个和我们平行的世界。这些孩子原本身处现代，他们在适应另一个神秘的世界的过程中不断斗争和成长，而那个神秘的世界主要指的是他们的学校——霍格沃茨(Hogwarts)。孩子们在看书的时候能找到很多相同点，比如他们也是每天去上学，也是每天对着那些满是奇怪字符的书学习，学的也都是和现实世界脱离的知识。其次是因为J.K.罗琳的书从来没有出现在学校为孩子准备的必读书目中，所以他们对她的书感到十分新奇。有趣的是，在英国开始发行《读写素养框架》(*Literacy Framework*)一书一段时间后,越来越少孩子去读罗尔德·达尔(Roald Dahl)的书,因为他的书被列入了儿童必读书籍清单中。

我们现在的课程结构并没能引起我们对文化遗产的兴趣,也没能成功地将孩子培养成终身学习者。

对大多数孩子来说,在学校上的课程恰恰对他们造成了相反的影响——浇灭了他们对学习的热情。我们不能再坐以待毙了。问题越来越严重的原因在于他们有更多的选择去打发时间,除非我们能勾起他们的好奇心和兴趣,不然他们肯定抓到机会就不学习。

一段时间以前,我在一次会议中遇到一所学校的理事长,他在会议过程中显得尤为紧张。后来我才知道,他在参加会议之前和他儿子在参不参加明年的中考的问题上大吵了一架。他的儿子在音乐方面十分有天赋,而且在当地青少年管弦乐团中担任首席小提手,却说不想参加明年的中考音乐考试。作为父亲,他自然非常生气和沮丧。然而儿子这样解释道:"爸爸,我热爱音乐,这是我一生的钟爱。但如果我参加了那场考试,那我的热情将会被浇灭。"这句话触发了一场激烈的争吵。

所以,最大的挑战不是给孩子们提供学习的机会,而是我们如何让孩子们用学到的知识、经验以及他们锻炼出来的能力去提高他们的生活质量——不是为了那些远大的目标,而是为了他们眼前的幸福。

重返学生时代,体验孩子的学校生活

当钟声响起,我和同学一起在操场集合整队,我就站在杰克旁边。正当我们准备把收集到的卡片收起来时,老师将之没收了。学校不允许我们带这些东西,因为我们的校长说我们不懂得如何分享和交换,到最后总是以争吵收场。

当我们走进教室,老师要求我们坐下,然后在她点名的时候完成黑板上的题目。我非常不喜欢做除法,而且题目对我来说太难了,因为题目里涉及8的乘除,但我九九乘法表只背到了5。所以我最后还是抄了萨米的答案,因为她是精英组的,而且他们组都已经教完九九乘法表了。

当老师点到我的时候,我说了句:"到。"然后把装有我饭钱的信封交给她。

我们在曾经一起大合唱过的地点集合,一起祷告,聆听耶稣的故事。因为一直坐在地板上,我的屁股特别痛。汤米因为不断摆弄他的新鞋而被训斥,因为他的鞋用的是尼龙搭扣,而不是鞋带。我的裤子摩擦着我,让我觉得痒痒的,坐立不安。

在文学课上,我们像昨天和前天一样,继续学着自传。课一开始,我们一起朗读了贝克汉姆(Beckham)的自传。这本书已经出版很久了,因为书里照片上的他还留着莫西干头型。在朗读完毕后,我们回到座位,然后划出刚才朗读段落中的重点词语。我因为划重点用的是绿笔而不是红笔,又被老师训斥了。

休息时间到了,我们都冲向操场。我们争先恐后地往外冲,因为只有这样才能占到足球场。但不幸的是,六年级的人比我们早到,所以我们只能在旁边看着他们踢足球。最后,我和托德玩起了格斗游戏,结果却不小心伤到了他的眼睛,然后就被老师罚面壁思过,直到课间休息结束。

在算术课上,我们从热身开始。我非常享受这个过程,因为我能用笔在小画板上乱涂乱写。我的屁股还是很痛,因为我们又一次坐在地板上。然后我们又玩起了数签儿,最后做了点算术题。老师一直在辅导差生们,因为他们的进度太慢了,他们甚至都还没学会3的乘法。

中饭还不错,我们周三的菜谱是披萨。操场上太冷了,六年级的人抢到一次足球场，所以我们只能绕着操场跑步。当下课铃声响起，我很开心，因为终于能回到温暖的教室了。老师在点名，我们在默读。我还在读那些无聊的红封皮的书，老师说如果我读完了红色书柜上的所有书，就可以去看蓝封皮的书了。但我根本不喜欢阅读，这太无聊了，我还是更喜欢我的PSP游戏机。

下午的课还不错。第一节是历史课，今天这节课讲的是维多利亚时代。我们在电视上看了个视频，然后在书上记了点笔记。我还偷偷地在书上画了个金刚战士，还好老师没有发现。

最后一节课是科学课。我们做了汽车模型。我们在二年级也做过这个，但那个时候做的是拉煤车。

明天下午的课还是一样无趣，我们要在信息科技课上学数据库，我宁愿去更新一下我的脸书。明天下午还有体育课，该死，我还把我的运动服搞丢了。

孩子们在学校过得和我们一样无聊，但我们却不能为他们做什么改变。现在，政府的确出台了新的政策，但这些政策还是建立在现行体系之上。大多数政策都是由远离孩子生活的大人制定和实施的，而且这些改变都是针对现状而出台的对策。

我们的课程和安排必须有灵活性。我们必须不断给孩子们惊喜和快乐。我们教授给孩子们的知识必须要能为他们创造一个基于技巧和机遇的平台，这样他们才能不断发展自己的能力，不管是现在还是将来，他们都能在生活中快乐地应用这些能力。

四五十年前，人们相信孩子不应该太早接受教育，因为懂得越多越危险。现在我们当然知道这是无稽之谈。如果我们不去激励和锻炼孩子，他们的潜能根本得不到开发。那些从小在多语言环境中长大的孩子，不管家里人说几种语言，他们都能自然而然地学会这些语言。而那些在单语言环境中长大的孩子就只能说他们的母语，后天想要去教他们别的语言就会显得格外困难，因为他们的语言能力已经退化了。

我们都低估了孩子们吸收、掌握和应用知识的能力。

在格兰奇小学，我们要创造一个新的教学方法，孩子们接受的教育的内容也应该是以培养当代人才所需的技能为主，现在的时代需要什么技能，我们就教什么技能，这样他们才能将在学校学到的知识应用到实际生活和工作中，而且最重要的是，只有这样才能结束我们与时代脱轨的教学。我们想要孩子们感受到课程是为自己量身定做的，这样他们才会想要去实际运用课堂上学过的知识，而这种学习和应用知识的能力不管是现在还是将来都是非常重要的。

为此，我们就要利用学前班（5岁之前）的课程体系，将这个扩展应用到全校范围，虽然仍以读写能力和计算能力为课程核心，但更注重全国统一课程。我们要找到构建支撑孩子们学习生活发展的基础理论的方法。

首先，我们要灵活地看待课程，利用课堂上所学知识去培养孩子们的学习和生活技能。为此，我们从现有的调查材料入手，帮助我们初步架构方案。我们发现了两份非常有用的材料。第一份是英国皇家艺术学会在1999年首次发行的新教材——《启迪思想》(*Opening Minds*)。这本书里提到了五类能力，每一个分类中都包含若干种能力，都是根据学生通过课程可以掌握的能力归类出来的。这些能力涉及学习能力、公民意识、人际交往能力、危机处理能力和信息管理能力。

学习能力包括：

- 学会用自己偏好的学习方式学习，懂得如何规划自己的学习，明白制定学习计划的重要性。
- 学会系统地思考。

- 学会挖掘自己的潜能,学会如何最好地利用自己的创造力。
- 学会享受学习的过程,爱上学习本身。
- 掌握高水平的读写能力和计算能力以及空间理解能力。
- 掌握高水平的信息处理能力,并明白其基础过程。

公民意识包括:

- 正常的价值道德观,懂得控制个人行为和奉献社会。
- 知道社会、政府和公司是如何运作的,以及积极公民的重要性。
- 知道国内外文化和群落的多样性,以及为何要尊重和珍视这些不同的文化和群落。
- 知道科技的社会影响。
- 知道如何控制自己生活的方方面面,以及可能用到的生活能力——包括理财能力。

人际交往能力包括:

- 懂得如何处理自己身处的各种情况下的人际关系,不管是自己主导还是别人主导的情况。
- 懂得如何与团队合作,以及如何在不同团队中扮演不同的角色。
- 懂得如何给他人启发,不论是作为同龄人还是教师。
- 掌握多种沟通技能,知道在何时何地使用这些技能。
- 掌握处理人际关系和情感关系的能力。
- 掌握多种调节压力和处理冲突的方法。

危机处理能力包括:

- 懂得时间管理的重要性,并已掌握该项技能。
- 懂得变革管理的含义,并已掌握在不同情况下处理各种危机的一系列技巧。
- 懂得胜不骄败不馁的重要性,能够处理自己的情绪。
- 懂得企业家精神和进取精神的含义,有意识地培养自己这方面的能力。
- 懂得如何处理危机和进退两难的情况。

信息管理能力包括：
- 掌握多种获取信息、评估信息、区分信息的技巧，并且能够分析、合成和应用所获得的信息。
- 懂得回馈和应用关键决策的重要性，并已掌握该项技能。

虽然这样解释还是非常抽象，但我们也逐渐开始明白如何去制定一套注重培养孩子们各方面能力的课程。我们仍须满足国家统一课程中制定的法律要求，但令人惊讶的是，我们需要满足的要求比其他大多数学校及家长想象的要少得多。

在制定课程的过程中，我们无意中发现了一本并不知名的书，这是萨默赛特（Somerset）当地政府发行的一本名为《学校课程规划》(*Curriculum Planning for Schools*)的书。书中认为全国统一课程是打着培养孩子全方位能力的幌子，重点还是放在书面知识的学习上。

对我们来说，最冒险的一步就是重新设计教学方式、作息表，以及最关键的，重新编排课程，将课程的重点从书本转移到能力和素养培养上。

我们设计的新课程有四大核心部分：

1. 沟通交流；
2. 创业精神；
3. 文化素养；
4. 健康快乐。

- 沟通交流能力的核心在于读写能力的发展，但如果想要有更广泛的人际圈，就需要更多方面的知识，例如社交网络、音乐、舞蹈、戏剧等方面。
- 创业精神的核心在于计算能力的发展，并且要将这些计算能力应用到更广泛的情境中去解决问题和改革创新。

- 文化素养的核心在于科学素养的发展。科技是一个社会、国家乃至世界的命脉所在,但在与时俱进的同时,我们也不能忘了传承自己的文化,以历史和地理为基点,将重点放在传统文化上。

- 健康快乐是最后但也是最主要的部分。我们想要在课程中着重强调身心健康的重要性和影响力,这样才能让孩子们为迎接未来的挑战做好充分的准备。这一部分的核心在体育教育上,但同时也与社会和公民教育的许多方面有关,除此之外,也是我们对孩子情感健康发展的承诺的重点所在。所以,这一部分的教育分成了三块——身体健康、社会幸福感和心灵健康。

读写 20 与数学 20 代替了大多数学校中开设的读写课和数学课。我们大多数的读写课和数学课将会被课程中的有关沟通交流和创业精神部分的情境教学所替代,但是需要分开教授两者的关键技能和概念。理论上,这两部分教学的时长都在 20 分钟左右,可以说是相当紧凑的,而且整个教学过程是完全由教师主导的。但当教师感觉孩子需要更多练习和强化的时候,他们是可以自由延长教学时长的。

为了将四个部分的功效发挥到最佳,我们还需要探索教学的方法。

我们想要为孩子提供非常自由和真实的学习环境,让他们在学校能够得到全面发展。我们想让课堂变得稍微与众不同,或者说随性一点,不需要把教什么、怎么教都规定好。但在这个阶段,一定要强调的一点是整个教学过程必须以学习技能和生活技能的显著提高为支撑,我们的孩子在这之后应该成功提高自己的能力,对课程理念也有更明确的理解。此外,教学过程还应该满足每一个孩子的需求。

在下一个阶段中,最重要的一点是我们的课程不能只专注于孩子们的课业成绩,而是应该挖掘每个孩子独特的才能和兴趣,帮助他们发掘自己的潜能,找到自己远大的目标和志向。

为了帮助理解我们的教学模型,我采用了时间轴来阐释整个过程(详见下面的新课程表)。

这样的教学方式非常灵活,可以让教师和学生一起决定每节课的主题,以达到最佳的教学效果。每个学年,学校都会为每个学期的教学设计主题,这些主题是全校师生都必须服从的纲领。这些主题都被刻意放大,所以涵盖的范围特别广,甚至还包括明日世界或旅行这样的主题。然后,每个班主任会和班级同学一起商量怎样研究这些主题。之后教师会制定一个计划,将学习技能和生活技能融入课程中。有了上述四大核心部分作为基础支撑,这些主题就可以贯穿在整个课程之中。

新 课 程 表

新课程表	第一堂课		第二堂课		第三堂课		第四堂课	
周一	每周简报		读写 20	数学 20	数学 20	企业聚焦	健康	学校议会 下午 14:40
周二	读写 20	沟通聚焦	数学 20	企业聚焦	信息通信技术技能		文化聚焦	
周三	数学 20	企业聚焦	读写 20	沟通聚焦	文化聚焦		学习分享	周中回顾
周四	读写 20	沟通聚焦	数学 20	企业聚焦	文化聚焦		技能强化课	
周五	格兰奇大学工作坊		格兰奇大学工作坊		健康		每周任务汇报以及本周的"我们的世界"	全校集会 下午 14:40

将旅行作为课程主题的班级可能会在做课题期间创立并经营一家旅行社。他们可能会去搜集研究旅行手册,不管是纸质版的还是

电子版的。他们会去调查、研究、开拓自己的市场，找到最适合的宣传方式来推广自己的旅行社，通过这些，他们可以锻炼自己的沟通交流能力。

他们会去统计人们假期各方面的开销，从玩什么到住哪里，甚至还会去研究定价体系；还需要从地理方面去考虑怎么安排旅行和旅程距离。通过这些，他们可以锻炼自己的企业运营能力。

当教师和孩子一起探讨旅行中的交通工具如何工作的时候，比如飞机是怎么飞起来的，船是怎么浮起来的，火车是怎么运行的，就会帮助孩子们增长知识。他们会去研究自己旅行目的地的人文历史和地理方位等。

有关健康方面的知识会帮助孩子们探索旅行和假期将会如何影响环境，他们还会有机会体验其他国家特有的体育运动和游戏项目，甚至还能去体验一下他们选择的度假胜地的宗教传统。

围绕教学方法、课程内容，还有很多方面可以帮助提升孩子的技能和能力，这是从孩子们与其他人沟通交流的需求演变而来。在大多数学校里，孩子们都会选择和自己班级里的同龄人一起玩耍、学习。我们想让孩子们把自己当作这个学校的一分子，而不仅仅是班级的一分子，这样他们才能去和其他年龄层的孩子们沟通交流。"学会分享"这个活动就是从一个每周一次的活动演变而来，全校的孩子每周都有一次机会和其他班级、年级的同学组成搭档一起读书。这个活动非常成功，所以我们将它扩展开来，鼓励孩子们不仅一起读书，而且一起交流学习上的方方面面，甚至他们的个人兴趣。因为学校实行的主题学习法，这个活动对孩子来说显得尤为重要。每周的一个固定时间，兄弟班的学生就会配对起来，这样，配对的孩子们就有时间一起沟通交流。下一个阶段就是主题周了，我们会鼓励孩子们去分享兴趣、收藏和音乐等。这个活动中重要的部分就在于孩子们开始和拥有不同背景和不同文化程度的人沟通交流，这对他们、他们的同龄人甚至整个学校都会产生巨大的影响。

在2004年南亚大海啸事件中,我们都知道孩子们是受影响最大的群体,部分是由于媒体的大肆报道。我们惋惜地发现很多孩子都无法理解新闻媒体的报道。同样的情况在"9·11"恐怖袭击事件和2005年7月7日爆炸事件中发生了。我们发现,因为学校这座象牙塔的保护,孩子们根本无法将自己的生活和学校之外的人和事联系起来,所以我们在每周的最后一节课中加入了"时事播报"这个板块。这个板块后来成为一个固定栏目,播报的内容也由孩子自己选择。每周孩子都会和大家分享过去一周自己在报纸、因特网或电视上看到的感兴趣的话题和事件。他们会一起讨论事件的经过和人们的感受,教师负责营造氛围。在讨论的最后,他们的讨论过程会被记录到课堂记录册中。课堂记录册是用来记录孩子们一年中在课上讨论过的世界各地发生的事件。这些课堂记录册集结了孩子们的想法,是他们难得的学习资源。

自20世纪90年代中期以来,孩子们身上发生的显著变化之一是他们接受新兴科学技术的速度越来越快。我们以前一定要从怎么开关机、怎么用鼠标开始教孩子们使用电脑,现在情况已经大不相同,我们幼儿园里的3岁小孩都非常善于使用高科技。因此,学校渐渐发现没有必要开设信息通信技术这门课程了。其实在我看来,信息通信技术这门课是有必要开设的,但教师不应该只按照教材的知识点去教授这门课程,这样反而会适得其反。信息通信技术不仅是一门学科,更是一种工具。使用科学技术的技能对孩子们未来的发展极为重要,因此我们要让每个孩子都学会使用这项已经成为他们日常生活一部分的工具。目前,我知道很多学校正在寻求一个绝妙的方法,让孩子既能跟上科技发展的脚步,又不会沉迷于此。我们现在尽力让每个孩子都能拥有能够无线上网的笔记本,这样他们无论在校园的哪个角落都能上网。因为手持技术的快速发展,我们才能在满满的课程表中挤出时间确保孩子有时间去学习新兴技术。孩子不应该学那些已经不入流的技术,而应该学习最前沿的科学技术,以便能使用和开发并带着这些技术闯荡社会。计算机套装软件的使用越来越有限,学校现在应该在那些前沿的手持技术领域进行投资,孩子们早已占领了这个领域,他们对智能手机、平板电脑和掌上游戏机这些手持技术早已驾轻就熟。如果学校能为学生提供信号稳定的无线网络,他们就能在学校使用这些智能产品。

我们开始探索如何利用短信让我们课后也能直接联系到孩子,为他们提供学习上的支持。当然,现在我们可以不用考虑这个问题了,因为我们完全可以利用推特或其他类似的社交网络去创造一个全天候的互动学习网络。

课程表上最后一个关键要素是有关格兰奇大学的发展,这部分我会在后文进行详述。

我们想要重新规划的另一个主体部分就是孩子们对"自由时间"的利用。我们这一代人对自己的课间玩耍时间有着复杂的情感。的确,那个时候,我们可以逃离作业和老师;我们可以去踢踢足球、互换心爱的藏品或者聊聊天,但对那些不喜欢踢足球或者只想找个地方聊聊心事的孩子们来说,他们只会在这段时间里感受到空虚寂寞。午休时间通常是最无聊的,吃了饭之后,我们通常会剩下一个小时左右的时间无所事事。格兰奇小学的孩子们也是这样度过他们的"自由时间",而且大多数的打架事件和不良行为不出所料地都发生在这段时间。为什么要强迫孩子去接受这种我们大人都难以忍受的环境和条件?

如果我们想要孩子们真正学会独立和拥有责任感,我们要给他们锻炼的机会,让他们感受到承担责任和独立自主带来的益处。

我们决定在午休时间向孩子们开放所有的设施,包括图书馆、电子阅览室、冒险乐园和其他与格兰奇小镇相关的设施,这些我会在下一章详述。这也就意味着,除了在操场上玩耍,孩子们在午休时间有了更多的选择去享受自己的自由时间。他们每天都要作出不同的选择,这样他们就不会觉得空虚寂寞了。

开放设施的效果出奇地好。孩子们对这样自由选择如何度过休息时间的方式赞不绝口,从而大大减少了学校里不良行为的发生,而且孩子们的独立自主性也有了显著提高,这正是我们的核心目标之一。

如果一个学校真的想要通过课程培养孩子们的能力和素养,那就不能在其原有的课程体系中强行加入这些,而必须从头来过。这就意味着学校必须在孩子们的校园生活的方方面面都投入相当的心力。我们必须清楚地认识到对孩子们来说,尤其是在他们全面发展的过程中,最重要的知识和经验都是在课堂之外积累起来的,而且需要他们真正投入心力于其中。

对学校来说,给教师和学生制定切实的目标是十分必要的,但在教学内容上可以放宽,毕竟切实可见的改变需要时间。孩子们不会因为政府出台了一个新政策就变得更加独立自主、富有责任心,在转型阶段,不可避免地会有挫败和失望。学校必须坚持发展的纲领,深刻认识到制度和态度的转变是需要时间的。毕竟我们在一条死胡同中徘徊了太久,顽疾也不可能一夜痊愈。关键是要勇于坚持自己的主张,注重能力的培养,这样的话,随着时间的流逝,一定会有显著的改变。不要因为短期内不见成效就急着另寻出路。

16　格兰奇项目

> 学习必须和学生息息相关，学习必须要有前后连续性。只有学会了走路，我才能走到厨房拿曲奇罐；只有学会了开车，我才能去连父母都不知道的地方……这样说可能有点自私，但这些对我来说，到底有什么意义呢？

格兰奇小镇商店

当我儿子对一切都充满好奇的时候，他总是喜欢问为什么，在此之前，我从来没有感受到做父母会有这么大的压力。"为什么太阳是热的？因为它是一个充满可以燃烧气体的火球。为什么它会有气体和火？因为……可是为什么呢？"

在我儿子开始上学后的某一天,我和他进行了一场哲学讨论,但这是一个5岁孩子的哲学世界。

"爸爸,我很喜欢学校。"

"那很好啊。上学非常有趣,对不对?"

"没错,但为什么我每天都要去学校呢?"

"因为在学校,你能学到很多知识。"

"为什么我要学习知识?"

"因为知识很重要,而且会给你带来很多乐趣。"

"在家里玩也很有趣啊。为什么这就不重要呢?"

"因为知识会让你变得聪明。"

"但是妈妈说我已经很聪明了。她总说我是个聪明鬼。"

"亲爱的,你是很聪明,但你只有在学校好好学习,长大后才能找个好工作。"

"那他们会教我怎么变成安迪·穆雷(Andy Murray)吗?因为我长大后就想变成和安迪·穆雷一样优秀的网球选手。"

对话继续进行。孩子是通过模仿、玩耍和角色扮演来学习的,更神奇的是,这是他们与生俱来的能力。他们也是通过这样的方式学习语言的,这也正是他们开始感知周围世界的方法。我们必须在学校多给孩子们创造这样的学习环境,让学习变得有意义。对我来说,当青少年逐渐对自我、对自己所能做的事情有了认识之后,学习的力量才能有所体现。当我们的孩子意识到自己拥有的能力和技术以及那些尚在开发阶段的能力会让这个世界更精彩的时候,学习的力量才算真正迸发。孩子在学习走路的过程中,当他们自己迈出第一步的时候,他们脸上以及你脸上的快乐正是生命的神奇时刻之一。你会在心里牢记他们第一次清楚说出的单词。这会给他们带来快乐,让他们知道自己又掌握了一项新技能,这些技能会让他们的世界更美好。学会了走路,他们就能去任何想去的地方;学会了说话,他们就能表达自己。所以,知道了英国的首都是伦敦,能为他们带来什么呢?

我们必须让孩子们觉得在学校学的知识是有价值的,对他们的未来是有益的,让他们为自己又掌握了新的知识感到快乐。我们必须确保学习的连贯性和相关性,学习的内容要以他们的生活经历和已经掌握的知识为基础。学习的内容不仅是有意义的,而且是令人愉悦、值得记忆和影响深远的。光用嘴给孩子传授知识是没用的,而且也不要奢望可以用压迫和题海战术让他们掌握知识。作为人类,我们都是以自我为中心的,所以我们在做任何事的时候都会问:"做这些对我有什么好处?"经验丰富的教育者已经意识到了这一点,并且大多数成功的教师都会推己及人,他们善于站在孩子的角度去感受他们的世界,和孩子产生共鸣,然后利用共鸣带动他们自主地学习。长大后,我们能记住的教师都是那些帮助我们去"感受"学习的快乐和培养我们对学习的情感的教师。

在格兰奇小学,我们想要做的只有两件事:我们想要孩子们投入到学习的快乐中去,并且让学习变得有意义。我们还想拓展他们的视野,创造一个机会,让他们意识到自己掌握的新技能都是能应用到生活中的有价值的技能,这样他们才会为自己的收获而欢呼雀跃,进而进一步发展。一个完美的学习过程是这样的,你试着站起来,但又摔倒了,撞伤了屁股和膝盖,但你仍在不断尝试,因为你知道这是值得的。

在孩子们的理解、经历和兴趣的基础上,我们还想让学习变得更加真实和直接。

我们都有过这样的经历:到了某个地方,闻到了某种气味,然后过去的记忆被唤醒了,它带我们回到另一个时间和地点。对我来说,某种特定的清洁剂的香味就有这样的效果——别问我为什么！对其他人来说,这种气味可以是新鲜出炉的面包的香气,咖啡的香气,或者白灼菜心的味道。神奇的是,气味不仅可以唤醒记忆,还可以唤起我们对某个事件的情感记忆。声音也会有这样的效果,尤其是音乐。我们的感官有着强大的能力,然而它们在学校却仅仅被当作学习的工具。

2004年,来自英国伦敦大学学院神经科学成像部(University College London's Department of Imaging Neuroscience)的杰·戈特弗里德(Jay Gottfried)领导的团队对记忆提取进行了一系列复杂的研究。研究者声称与事件相关的记忆分散在脑的各个感知部位,但是可以通过一个叫海马体的部位整合在一起;如果某个感官被刺激之后唤起了某个回忆,和其他感官相连的其他记忆也会被唤醒。

这也就解释了为什么一首熟悉的歌曲或前任的香水味就能唤起过去的点点滴滴。戈特弗里德等人(Gottfried, Rugg and Dolan, 2004)说道:

> 这正是我们记忆体系的美丽之处。想象在沙滩上度过的美好一天,防晒霜的香味,你朋友们的气味,你喝着的啤酒的味道,这些都能唤起你对这美好的一天的回忆。(pp.687 - 695)

利用这些感官来帮助记忆和创造一个三维的学习过程,是我花了职业生涯中的大部分时间研究的方法,这也是现在格兰奇小学教师正在使用的方法,这个方法是在下列方法的基础上发展出来的:

- 代替原有的视觉展示,创造一种利用嗅觉的教学方法。
- 学校各处的布置不仅要通过画面来吸引孩子,而且要从嗅觉和听觉上抓住孩子的好奇心,加深他们的印象,尤其是走廊上的布置,比如,如果布置的场景是海边,那可以在那一块区域加上海浪的声音和海风的味道,甚至可以重现都铎王朝!
- 利用电影配乐来展现音乐对观影者观影感受的影响力,以此给孩子们展现一篇文章中句子的长度是如何影响读者的阅读感受的。电影《大白鲨》通过将"哒哒,哒哒,哒哒"的声音变得越来越紧凑来营造紧张的氛围,同理,利用短句和短语也能在写作中营造出同样的效果。
- 利用味觉帮助孩子们理解分数的概念。给他们每个人四块巧克力纽扣,然后让他们放一块在嘴里,问他们是什么感觉,之后让他们再放两块,告诉他们嘴里甜度的差别就是四分之一和二分之一的差别,然后让他们把四块同时放进嘴里,告诉他们四块的甜度和两块的甜度的差别就是整体和二分之一的差别,这样我们就通过味觉完美地解释了整体、二分之一和四分之一的概念。

当我接任格兰奇小学校长一职的时候,我非常想让我们的孩子将所学知识应用到实际生活中去,这也就是我们现在所说的应用学习。而挑战之处就在于如何把握孩子们爱提问、爱探寻、爱猜想和善发现的天性。我们只有让学习变得真实、有针对性和切实,才能做到这一点。尽快让孩子们掌握主动权,并且不论是教师还是学生,每个人都要对学校有一种归属感,把自己当作学校的主人。有了一个共同目标才能有强劲的动力,这也是至关重要的一点。

在众多的方法中,赋权感对一所优秀的学校来说是最为关键的。它的重要性甚至可能不止这一点,赋权感也可能是一个充实且成功的人生的关键所在。不论是学生还是教师,都经常会感到学习是不受自己控制的,然后渐渐地对学习感到疲惫,甚至是恼火,最后完全失去兴趣和动力。最可悲的是,只要成为学习的主人,只要有了赋权感,就能规避这一切问题。大多数人在横穿马路的时候,都会觉得比较安全。当走在笔直的马路上,能见度良好,所有因素都在可控范围之内的时候,人们相对来说就比较放松。开车的时候也是一样的,如果人们觉得一切都在自己的掌控之内,通常都不会感到非常焦虑和紧张,但可能会比过马路的时候稍微紧张一点。因为我们开车的时候,不能控制其他驾驶员,我们的掌控范围相对更小。我们坐飞机的时候,尽管知道飞机失事的概率非常小,但我们还是会感到很焦虑,因为我们既看不到飞行的情况,又无法决定自己的命运。

格兰奇小学就是这样一个让教师和学生无法掌控的令人不安的学校。事实上,缺乏赋权感是学校的核心问题。因此,我们的首要策略是应对这一问题。

通常,比起想法和策略的质量高低,如何将一个新的想法和策略付诸实践才是决定成败的关键,而对于在困境中挣扎的机构,如这样一所绩效不彰的学校,这更是再正确不过了。我认为许多机构和学校在转型的压力之下犯了很多策略上的错误,为自己设置太多了障碍,他们想要在改革之前,通过建立一个刚性的教育体系来一次性地解决所有潜在的问题。然后,他们把制定好的规章制度展现给教师们,希望他们按照规章制度去教育和管理学生。学校的高层这么做,不是因为他们的控制欲太强,而是因为他们想要将教师和学生的焦虑最小化,让他们不敢反抗。

短期内,在赋权感还不是学习的一个重要组成部分之前,这个策略的确能有所成效,但最终也只是给教师增添负担,学生只会依赖教师学习,而不是自主自发地学习,最终这个方法也只是治标不治本。

我们总是急于求成,想要一夜之间看到翻天覆地的变化,所以总会给自己施加很多压力,变得太过功利,我们要做的应该是让人们先慢慢转变观念,给他们传达新的理念,然后在此基础上开始进行改革。最强有力的赋权感来自共创的过程,这正是格兰奇项目的核心——让教师和学生共同参与到改革和创新的进程。格兰奇项目是基于这样一个理念:我们想要给孩子创造一个能将他们所学应用到现实的成人世界的机会，以此帮助他们更好地理解这个世界，让他们知道长大后会有怎样的机遇，该承担怎样的责任。随着这样的理念渐渐深入人心，我们逐渐明白我们是在通过各种途径将学校打造成一个能很好地反映校门之外那个现实世界的微型社会，而且我们还想要进一步践行这个理念，将学校变成一个能正常运作的小镇，完全让孩子们自己去管理和运作。

格兰奇小镇就这么诞生了。

孩子们在这个小镇中的一切行为都必须是有效力的。他们的行为都有实际用途，而且是真实有效的，所以我们会从社会上广招专家帮助我们设计如何运行小镇和如何利用这个小镇去锻炼学生。所有在格兰奇小学上学的孩子都能使用小镇中的一切东西，而且我们鼓励他们去积极运作这个小镇。

这个小镇包括：

- 由从学校选拔出来的代表组成的理事会，该理事会由单独选举出的镇长主持，镇长同时也代表着学校理事机构的学生。在一年一度竞争激烈的竞选活动后，学生会选举出一个镇长。理事会和镇长要在当地议会成员那里接受一部分训练，这其中包括参观威斯敏斯特宫。
- 一个环境小组，负责管理自然环境，生态驱动，水果、蔬菜和其他销售用、学校厨房用的植物的种植。
- 一个学生互助组织，负责训练学生解决纠纷、管理操场、心理辅导和急救的能力。接受过训练的学生负责确保课后的安全和秩序。这些学生接受的训练部分来自当地警察和健康机构。

这个小镇还包括一些企业，这些企业为该社区提供服务，其中包括：

- 一个由孩子管理和运营的特许健康食品店。当地连锁超市负责对管理食品店的学生进行培训。

- 一个在午餐时间提供新鲜制作的甜点的咖啡馆，咖啡馆由在食品制作、卫生健康和顾客服务方面接受过当地企业培训的学生经营和管理。这是个法式咖啡馆，菜单上写的是法语，提供的也是法式经典食物，服务生说的也是法语。所以，这不只是一个学生可以休息的地方，更是一个他们学习法语的绝佳场所。
- 一个记录了学校历史的博物馆，这个博物馆不仅对外开放，而且保存着很多当地的历史遗产。学生将接受当地博物馆馆员的培训，并且要按照法定的规章制度管理博物馆。
- 位于博物馆旁边的手工礼品商店，里面摆放和销售的所有商品都是孩子们设计和制作的各类手工品和纪念品，其中还包括隔壁美术馆陈列出售的艺术品。
- 一个定期发行报纸、每日进行电台放送以及制作各种电影和DVD的专属媒体中心。

随着越来越多的孩子来到这里生活和学习，这个小镇和其他小镇一样，在不断地发展着。现在，那些才7岁的孩子已经能每天自己进行电台放送，还有些孩子在游戏室里自己拍电影。

这个小镇的成功是我们不曾预料的。它给了孩子一种归属感，给他们的学习制定了一个切实的目标，帮助孩子培养了荣誉感和责任感，造就了他们难以置信的成熟和独立的品格。这些对一所成功的学校来说是至关重要的。

目前来说，重要的是我们不能因为自己的天真愚昧或者未知的未来和我们无法掌控而产生的恐惧就去限制小镇的发展和成长，相反，我们应该将目光放得更长远，去搜寻那些可以帮助孩子们学习成长的方法和技巧。我们很容易因为自己浅薄的经历和知识而束缚孩子们的学习领域。我们都知道，企业家最重要的能力是人际交往能力，正如老话说的"有本事不如找对人"，所以我们要勇于扩展自己的人际网络。

格兰奇小镇电影拍摄场景

我们在找外援方面投入了相当的时间和精力,令我们惊讶的是,很多人积极响应了我们的号召。我们得到的最差回应也不过是:"对不起,我们无法提供帮助,但是我知道有人对这个项目很感兴趣,可以推荐给你们。"所以,在短短几周时间内,我们便找到了愿意参与项目的银行、广播电台以及一些相关企业,并且他们提供的帮助都是免费的!

最初,我们是想让学校里最高年级的学生来运行和管理这个小镇,但这占据了他们大部分的休息时间、午餐时间和课外时间。于是,很快就有学生和教师商议能不能用一个固定的上课时间去管理小镇。但有的时候双方能够达成共识,有的时候又不行。所以,为了确保项目的可持续性,并且让学生能够完全接管小镇,我们必须挖掘全校学生的潜力,让他们都有能力管理小镇,所以我们最终决定将三年内的每个周五下午定为格兰奇小镇日,让从幼儿班到六年级的所有学生都参与到小镇的运行和管理中去。每个年级都会用半个学期来学习如何运行小镇中的各个部门：这些企业在现实世界中是如何运作的，它又是如何在格兰奇小镇中运作的。他们还要花时间去学习相关的管理技术和知识，培养自己的管理能力，这些能力、技术和知识都是他们在实际操作中要用到的。我们还请了外援帮助孩子们学习，还让那些比较有"经验"的高年级学生时不时地和低年级学生分享一下他们的学习经验和成果。很快，孩子们都对这个小镇充满兴趣和期待，每个人都迫不及待地想要一展身手。

几个月后，格兰奇项目就成了学校的核心活动，渗入到课内外活动的角角落落。在2008年的夏天，我离开格兰奇小学近一年后，学校接受了英国教育标准局的视察，并且从所有学校中脱颖而出，报告称格兰奇项目是学校成功的最重要因素。

在格兰奇小学，我们将现代的教学模式引入孩子们的生活和学习中，将玩耍、模仿和角色扮演融入学习中，并且通过不断地改进和调整，成功地为孩子们提供了越来越真实的学习体验。我们还会邀请学生家长来看孩子们的表演，将"电台节目"用录音机录下来给学生家长留作纪念。学习不一定就是痛苦和牺牲。所有学校都可以像格兰奇小学一样成功转型。而且这个方法不需要牺牲孩子们的快乐，学校也不会丧失主导权，这是一个环环相扣的过程。我所知道的是每个参与管理格兰奇小镇的孩子都在这个过程中培养了自信心，掌握了能够引导他们走向成功的技巧。而且，不仅孩子有了非凡的赋权感，而且教师也是如此。这个项目是我们每个人的骄傲，因为我们一起开发了它，更值得庆幸的是，它打破了改革计划都是昙花一现的魔咒，也并没有被人们遗忘在角落里。成功的秘诀其实很简单，尽管我们不知道最后结局如何，但我们确保方法是对的，一切都在掌控之中，只要一步一个脚印，就一定能得到满意的结果……而我们的确也做到了！

17　让课程适应孩子的天性

> 学校一定要帮助孩子们开拓视野,制定人生目标,并且满足他们无限的好奇心。成长的经历是孩子生命中最重要的东西,没有经历的试炼,他们将永远身处黑暗,找不到人生的方向。

随着孩子们的不断成长,他们变得越来越独立,在他们心里,学习已经不再是唯一的选择。一旦法律不再规定每个孩子都必须接受教育,有多少孩子会选择继续学习,又有多少孩子会选择跟随自己的意愿去追寻自己想要的未来呢?有多少孩子翘首以盼,等待着能逃离学校去另寻出路的时刻呢?对我来说,不管选择什么发展方向,都不能放弃接受教育,不管你是选择划艇、游艇、渡船、邮轮还是油轮,都不能离开教育这艘船。船的缺点就在于,一旦你不小心坠海,就会淹死。这应该是一个无缝衔接的过程。学习不是教育的全部内容,我们应该通过教育传授给孩子们生存的技巧,而这其中就包括学习技能。学习是一辈子的事,随着年龄和阅历的增长,我们在遇到不同的人、扮演不同的角色的过程中都能学到新的知识和技能。我们应该通过教育帮助孩子们发现自我,挖掘自我潜能,让他们能在社会上找到一个立足之地,找到好好享受自己的生活的方法。

我始终坚定地相信正规教育毁了我们中的大部分人,因为我们在接受正规教育的过程中非但没有挖掘出自己独特的才能和兴趣,反而失去了自己的色彩,变得平庸。从某种程度上说,学校是一个充满评判的地方,孩子们要不断地接受筛选和分类,而且学校的这种评判机制还在不断地助长社会的阶级风气,给每个人都贴上标签。学校会给学生潜移默化地灌输"只有学习成绩好才能成功"的观念,学校的成功标准就是本科率是多少,考入牛津大学、剑桥大学的学生有多少,成为律师、法官、会计和医生的学生有多少。

曾经有一个极其傲慢自大的教师说我长大后肯定一事无成,最多是个扫垃圾的。为什么？只不过是因为我把时间花在了喜欢的艺术和英语上面,而没能在历史考试中得到 A。就因为我没在历史上花时间,他就认为我智商不高,也不配接受更高的教育。

我们嘴上说着不管孩子有什么梦想都会无条件支持,却非要给每门学科贴上标签,让孩子知道哪门学科更重要,逼迫他们把更多精力放在重要的学科上面。大学被视作教育的最高学府,而那些 16 岁就去闯荡社会的孩子通常会被认为是读书读不下去的。

问题并不是出在初中阶段,而是出在小学阶段,我们的职责是为孩子们提供丰富的机会去锻炼自己,收获成长,挖掘自己的才能,找到自己的兴趣爱好。

英国政府对考试和文凭有种执念,而这些通常都是根据孩子们的学习成绩来评定的。我们要如何改变这一现状呢？这正是学校该做的。我相信每个孩子都是天赋异禀的,只不过他们的潜力大部分都还没有被挖掘出来。更可悲的是,等他们发现了自己独特的才能,通常已经太晚了。

孩子们的才能和天赋必须从小开始培养。要做到这一点,学校必须给孩子们提供大量的机会,帮助他们挖掘自己的天赋,无论是哪方面的才能,都值得培养。

我们作为一个大国,居然会在体育运动方面比其他国家落后这么多,而且很多国家比我们要小得多,这难道不奇怪吗？这是因为我们的教育体系没有为那些在运动方面有天赋的孩子提供培育和成长的机会。我们的确不够重视培养孩子们运动方面的能力。

在肯·罗宾逊爵士的《让天赋自由：如何用激情改变你的世界》

(*The Element: How Finding Your Passion Changes Everything*)这本书中,他采访了许多不同领域最成功的人士,其中很多人都是各行各业的楷模,甚至成了一代代人的偶像。书中探讨的是人类的能力,尤其是如何挖掘和培养天赋。很多被采访者深思熟虑后说道,正规教育对造就如今的他们并没有什么帮助。有些被采访者甚至还提到了正规教育在他们成长过程中产生的负面影响。

我和一些天赋异禀的孩子接触过,他们在学术学习上并不出色,而且经常被定义为需要"特殊照顾"的群体,但是他们却在设计和手工方面展现了非同一般的天赋。如果我们给予他们机会去发展自己的才能,想象一下他们的未来该会多么灿烂。

我曾经在学校遇到过一个痴迷于唱片和舞曲的男生,这是他闲暇时间的兴趣爱好。但学校认为他是学习能力差的捣乱分子,将他开除了。后来,他成为全世界最受欢迎的DJ之一,赚得盆满钵满。如果不是他对音乐那份坚韧的热情和坚持,他不可能会有现在的成就。现在想一想,有多少天资不凡的孩子因为成绩不好而被学校开除,我们又错过了多少天才。

在格兰奇小学,我们决定要给这里的孩子更多更全面的经验和机会,挖掘我们孩子尚未被发掘的天赋。在我看来,这对他们的健康成长和发展至关重要。

很多孩子因为越来越缺乏自信和自我认同感而在学习上大幅滑坡。他们因为成绩不好,所以认为自己在这个世界上毫无价值。面对这种情况,解决问题的关键在于找到能激发孩子自信的生长点。现在这些孩子还不知道自己的闪光点在哪里,当找到他们的闪光点时,一定要给他们机会去展示自己的才华和天赋,这样他们才能快速地建立自信心;有了自信心,他们才能积极投入到学习中去,并在学业上取得成就。自信心和学习这两者相互联系,不可分离。

我们要摆脱只有聪明人和学习好的人才能接受高等教育这种旧

观念，所以我们准备将高等教育和初中等教育结合起来。

我们的对策就是建立一所格兰奇大学，这所大学在每周五上午开放。我是在听闻了动画制作公司皮克斯（Pixar）的事迹后萌生的这个想法。皮克斯公司一直积极鼓励员工去追求更大的自我发展空间，所以公司会在工作日给员工们放假，让他们去参加培训班，培养个人的兴趣爱好。这一策略旨在最大化挖掘员工的潜能，以此提高生产力，提高公司效益。

格兰奇大学每周开放两个小时，在这两个小时内为全校的学生开设40门不同的课程。学生每个学期至少选修2门课程，每学年要完成12门课程的学习。每门课程的课时是6周，课程结束时教师会根据每个学生在课上的表现对他们进行评价。学生要将所有的评价收集起来，做成一份全面的入学档案，这份档案对他们的中学教育有所帮助，可以让教师提前知道他们的特长和兴趣所在。当他们在11岁那年从格兰奇小学毕业的时候，他们同时也从格兰奇大学毕业了。

为了开设这么多课程，同时也为了确保课程的多样性，我们特地邀请了市民和家长参与课程的设计和开设。

与传统的教学模式将每个年级的学习内容划分得十分清楚不同，在格兰奇大学，孩子们可以随意选择课程，而且课程没有年龄限制，所以孩子们不会因为跨年级而感到困扰。

在之前的章节中，我曾经谈到过教育不应该只是教师的专属领域，学校所在的社区也有巨大的潜力和作用。格兰奇大学就非常完美地阐释了这一点，当地社区也参与了大学课程的开设，确保孩子们能在学校接受全方位的教育。很多家长本身有着非常棒的技能和兴趣爱好，但他们接受的教育让他们觉得这些技能和兴趣对孩子的教育和成长没有益处。

多亏有了那些参与格兰奇大学计划的家长和当地社区居民，我们才能为孩子们开设如家具制作、美容医疗、美发造型、烹饪、股票交易、财务

从父母的经验中学习新的技能

管理、工程学、绘画、语言、啦啦队、现代舞、摄影、网页设计、定向越野、乡村音乐、板球、体操等方面的课程。这些课程本身都是那些任课教师的个人兴趣爱好,孩子们因为感兴趣而选择了某门课程,同时教师也是因为热爱才执教某门课程。想象一下,这样的学习环境将会给孩子们带来怎样的积极影响。

因为选择多,所以每门课程的人数也不同,但通常都比一般班级的平均人数要少,所以孩子们有很多机会去发展自己的兴趣爱好。作为学校,我们密切关注着他们的进步,以便挖掘他们的新才能和天赋,这样才能最大限度地发挥每个孩子的潜能。

从很多方面来看,格兰奇大学的建立是整个改革进程中贡献最大的一部分,也是我最引以为豪的一点。格兰奇大学正式投入使用的第一天,我踏进校园,欣慰地流下了泪水。这充满活力的学习氛围和孩子们全身心投入其中的样子是我不曾预料到的。不管是教师还是孩子,他们对学校都有了新的认识,而我们也真正做到了为孩子们创造一个不限制他们的行动范围,让他们扩展思维的学习环境。所有年级的孩子都在发展新的兴趣爱好、才能和目标。在读了肯·罗宾逊爵士的书之后,我发现格兰奇大学的学习环境正是有助于孩子们解放天赋的那种环境。

社会的繁荣发展需要有能力扮演各种角色的多样性人才。我们培养的是未来的医生、美容师、律师和清洁工,没有他们,这个社会只会不断地走下坡路。就像如果我们想要完成一副拼图,每一块图片都是至关重要的一样。当你坐下来准备开始拼拼图的时候,你不会因为有些碎片看上去很无趣而把它们扔掉,最后,那一块块粉红色的碎片可能会变成蒙娜丽莎般神秘莫测的微笑。

学校是一张单程车票。学校的工作就是帮助每个学生发展和成长。为了获得成功的人生,孩子们必须学会适应这个世界,而不只是适应学校和教育体制。为了真正地开始探索教育体制的未来,让教育变得更优质,我们必须密切关注我们生活的这个世界,好好利用它的多样性。我们正在格兰奇小学践行这项原则,我们的目标可以用三个词来概括:生活、学习和快乐。当然,有人会质疑,达到这三个目标就能拥有成功的人生吗?至少从我们的成果来看,当我回想起这所成功完成了这三个目标的学校时,我的心中满是骄傲和自豪。我们的孩子和社区将会紧跟 21 世纪的潮流,打造属于他们的时代。教育要想成功,每所学校也必须如此。

18　进入未知的领域

> 如果孩子们在多年后不能怀着感恩、骄傲和积极乐观的心情回顾他们的学生时代,那一定是因为我们让他们失望了。

有的时候,我会绕着学校散散步,看着孩子们上课、玩耍和成长。我经常会想象他们将来是什么样的,以后会做什么工作,会过什么样的生活,学校在他们的人生中起到了什么样的作用。

我经常会和实习教师探讨教师这一职业的特殊性。教育不仅仅是一种职业,更准确地说,它就不可能只是一种职业。我们不仅要为我们的未来负责,而且要为成千上万的孩子的未来负责,更要为这个国家的未来负责。教育影响人的一生,教育是一切的基础。一个孩子每天大部分醒着的时间都是在学校度过。如果我们没有恰当地利用这段时间好好地教育他们,时间是不会给我们第二次机会的。

我有时候会在放学后在学校里散散步。孩子们的青春朝气似乎还在走廊里回荡,他们的热情点燃了每间空教室。孩子们对生活充满了激情和渴望,这份热情比任何火焰都来得炙热。他们不会因为现实的残酷和对未知的恐惧而放弃梦想。活在当下,勇敢做梦是对他们最好的描述。

我们真的希望孩子们长大后变成我们这样吗?我希望我的孩子长大后成为自信、有使命感的全球型人才。我希望他们能把握自己的人生,自信,有信仰,并且有能力去掌握自己的命运。

罗马诗人贺拉斯的诗句"及时行乐"值得我们每个人深思,它提醒我们要把握机遇,每天反思自己有没有把握好今天,如果没有,原因何在。

当今世界，大多数人都是浑浑噩噩地度过一生，而这种无力感是从小就形成了的。小时候，大人说什么，我们就要做什么。我们一定要跟着大人的指令走，因为大人比我们更加了解这个世界。当然，循规蹈矩是传统教育的基础。但有趣的是，对我来说，我反而从孩子们身上学到了最多的知识，很多时候我以为找到了所有的解题方法，结果孩子们却想到了更多独创的方法，所以经常都是孩子们在教我怎么用新方法来解题。

学习上的无力感甚至会延续到我们成年之后，这种无力感在我们要将孩子托付给学校的时候最为突出，毕竟孩子是我们生命中最珍贵的礼物。我们的确有选择的余地，但是不管学校在哪儿，名声好不好，只要孩子进了学校，在那里发生的一切都是我们无法掌控的。

对我们大多数人来说，孩子上学的第一天算得上我们一生中最悲惨的日子之一，我自己作为家长的时候也是深有体会，而我作为教师看到家长第一天送孩子们来上学时却更是感触颇多。所以，家长和学校一定要互相信任。

将孩子送进学校的时候，无数的问题会从我们脑中涌现。教师们能不能像我一样照顾关心孩子？他们能不能替我完成我的愿望和梦想？孩子在这里能不能健康成长？孩子在这里学习会快乐吗？

我遇到的大多数教师对他们的工作都充满激情。然而事实上，教师也和家长们一样，会在教育孩子的过程中感到无力。随着教育政治化的不断升温，教育发生了巨大变化，学校只想着如何培养现代社会需要的即用型人才，却忽略了基础教育这个基石的稳固性。当今世界被新闻媒体主导着，崇尚高绩效和"快餐型"用工，身处其中的政治家们似乎也被"同化"了。我们只能用数据来评判政治家们的工作表现，因为通常要经过长时间的等待，政策的效果才能真正体现出来。但现在开始读书的孩子至少要在学校学习13年，难道这么长的时间还不能体现出政策的效果吗？很少有政府能有这么多时间来展现政策的效果。不管是哪里的政府，都没有耐心等这么长的时间，所以他们要发明一个更简单、可直接量化的方法。他们的世界里只有自己设定的目标和数据，这是一个数据化世界。

政府所有的投资和政策都是为了达到他们设定的目标，只有在为了让短期的效果最大化的时候才会改变政策。

然而，现在可是通信技术高度发达的21世纪，这个世界的主人是追求快速和随机应变的一代。

作为民众的代表，政府声称用数据和图表来展现绩效正是学校所需要的。因为它们更直观地展现了学生和学校的成绩与情况，同时也能帮助学校理解并制定计划。政府还声称，多亏了数据化，英国的教育水准才能不断攀升。可能有人会问，政府是怎么得出这些结论的？因为摆在眼前的数据就是这么表明的。经常有人这么对我说，那些排名表和高风险测试之所以在教育界如此受宠，是因为民众需要依靠这些排名和测试结果来获取安全感，确保自己的孩子在一所优秀的学校接受优质的教育。但有趣的是，我碰到的绝大多数家长都认为小学阶段没有必要进行高风险测试。事实上，关起门来说，那些高级官员也是这么认为的。

归属感和赋权感是教育的关键，同时也是教育转型所需要的。我绝不希望我的两个孩子在学校眼里只是两个数据！他们是活生生的人，他们每个人都是独一无二的，我希望学校也能认识到这一点。我希望学校能够确保孩子们毕业之后有能力去面对未来的那些非同寻常的挑战。学校要是想在毁了孩子们之后说一句"对不起"了事，我们是绝对不能接受的。然而，那个时候距离孩子开始接受学校教育都已经过了20年，我们还能追究谁的责任呢？

教育是关于未来的事业，而不是只停留在过去，然而我们的传统教育恰恰就是这样保守，只满足于过去的成果。有关教育的一切都有政治风险,因为教育深切关乎民生,稍有差错,就会一石激起千层浪。政治家们承担不了这么大的风险,所以确保政治安全是首要任务。于是,一代代的孩子都是在我们保守的政策下学习成长的。然而,未来处处充满风险,我们不知道未来会发生什么,也无法掌控未来。因特网的诞生就是一个很鲜活的例子。作为21世纪的第一代成人,我们的未来更加可怕,因为我们接受的教育并没有教会我们怎样去迎接未知的挑战和变化。传统的教育只关注他们有把握的和现有的知识,讲究举一反三,触类旁通。我们靠着回首过去来寻求安慰和鼓励。我们自以为可以阻止世界的发展,所以执着于传统的教育模式,不肯进行改革。领导者用民众的不安来掩饰他们短浅的目光。

这个世界在不断变化,而掌握世界的主导权就握在教育者手中。乱世才能出英雄,无论我们现在说什么,有什么想法,都应该立刻开始进行教育改革。那些决策者推崇传统教育方法固然没错,但我们才是建造新世界的年轻一代,不是吗?所以,构建现代教育模式是我们义不容辞的责任。我们曾经可是领导了工业革命的国家,但我们还能保持这样的地位到什么时候呢?

当我们还沉迷于传统的教育价值观时,我们周围的世界早已发生了翻天覆地的变化,我们的孩子已经变成了第三世界的学习者。英国政府一直以来都是在嘴上说要进行教育改革,然而没有一个落到了实处。我们有专家、知识和调查研究成果,但是很遗憾,没有主流的政治党派愿意支持我们的改革。更讽刺的是,当今的政府其实连创新改革的想法都不敢有,只想着一味走保守路线。

其实教育制度从某种程度上已经不堪舆论的重负了。政府以为发明了数据化的方法就可以满足民众的诉求,让他们不再高喊教育改革。结果,教育的重点完全转移到数据上,而不是质量上,所以我们的领导者也和身处教育制度下的孩子们一样被压得喘不过气来:因为不敢冒险,所以无法创新和改革,最后受制于这份无力感。

这才有了我们的用武之地。抛开一切想法和顾虑，作为教师和家长，我们才是掌握着关键钥匙的主导者。我们不能再任凭教育体制控制孩子们的未来，阻碍他们的成长，限制他们的发展。

我有一个朋友，他可能是我认识的所有人中最帅气的一个，他看世界的角度十分与众不同，同时他还非常谦虚和励志。每当我去他的公司，他总能激发我的思维和想象力。我想在这里分享一下我们最近在伦敦圣潘克拉斯车站（St Pancras Station）一家咖啡店里交流获得的心得。

他的名字叫塞巴斯蒂安·福冈（Sébastien Foucan）。现在这个名字对你来说可能没有任何意义，但是他可是跑酷（Parkour）的创始人。他在007系列电影《大战皇家赌场》（*Casino Royale*）中扮演了一个反派，并凭借影片中一场紧张刺激的追击战而名声大噪。如果你和我一样是个中年肥胖还有点秃头的男人，那你一定会和我一起讨厌他，因为他作为男人来说真的太完美了。

当塞巴斯蒂安还是个男孩的时候，他和他的朋友经常在家附近的住宅区闲逛，这是一个位于巴黎市郊的不起眼的住宅区。有一天，有个艺术家开始在那些原先不起眼的楼房之间的空隙创作雕塑。雕塑一完成就吸引了塞巴斯蒂安，他和他的朋友开始在雕塑上爬上爬下。这是他人生的一个重大转折点，从那个时候开始，塞巴斯蒂安对这些城市建筑有了新的认识和理解，同时这也是跑酷诞生的时刻。他开始探索这些建筑，将它们从里到外都摸索了一遍。他迷上了这项活动，他惊叹于人类的身体居然能这样不断地突破自我的极限。

我永远不会忘记我们相遇的那天，我们受邀参加俄罗斯叶卡特琳堡的一场研讨会。叶卡特琳堡是一座古老的城市，这里是沙皇尼古拉（Nicolas）和他的家族在俄国大革命后被谋杀的地方。当我们一起穿梭在城市的街道中时，我欣赏着美丽的建筑、河流和街上行走着的人们。而塞巴斯蒂安却盯着那些房顶和较高的楼层。这是我第一次发现他那与众不同的看世界的角度。当我问他在看什么,为什么盯着那些看的时候,他说:"我在看建筑与建筑之间的距离有多大,我在想要怎么用我的身体跨过那段距离。"

这番话引起了我极大的兴趣,第二天,当我们坐在圣潘克拉斯街头——这里高高的玻璃屋顶和随处可见的铸铁装饰都是典型的维多利亚蝶舞风格的建筑——我问他能不能为我展示一下他要如何在这些建筑中穿梭。他的表现却大大出乎我的意料,他好像根本不觉得这些建筑是僵硬的水泥做的,他甚至好像根本看不见它们,他总是在寻找空隙,以此尽情展现他的才能。事实上,这就是他的人生哲学:只要你敢想,没有什么做不到,我们身体的能量远远超出我们的想象。只要仔细观察,总能找到跨越那些我们为自己设立的障碍的途径。

我越回想他说的话和他独特的世界观,就越觉得这就像水。仔细想想,即使水的流经路线被石块阻断,它也从来不会停止流动,或是绕过石块,或是漫过石块,再或是从石块间的缝隙流走,水总能找到自己的路。不仅如此,水还会侵蚀石块,随着时间的流逝,石块间的缝隙会越来越大,水的路也就越来越宽。

我和很多教师有过深入的沟通,他们都觉得自己在教育学生的过程中总有一道无形的障碍,恰恰就有很多教师被这些障碍唬住,从而放弃了自己的教育方法,选择保守的模式。其实我认为我们的思维太狭隘了。或许我们应该向水和塞巴斯蒂安学习,不断寻找空隙和机会,然后从漏洞开始入手。如果我们能团结一致,集思广益,很快那些政策和反对者都不再是阻碍,要不了多久,我们就能自由地施展拳脚,而且更重要的是,说不定还能带动孩子们积极地学习!

作为社区的一员,我们有更多的机会积极参与到孩子们的教育中去。学校是为社区服务的,更要对社区里的孩子们的教育负责。

我们绝不能满足现状,也不能过于急功近利。但有一点是确定无疑的,那就是绝不能忽视或亏待孩子们。

满足孩子们的需求。直接问他们想接受什么样的教育。毕竟他们拥有的可是无穷的想象力。我最近听到一些家长在问孩子们一个值得我们深思的问题:"是谁教你玩推特的?"

和你们当地的企业家们沟通一下,邀请他们一同参与学校的建设,帮助学生掌握未来所需的技能。有远见的企业都知道越早投资,他们将来的收益就越大。

所以,有效的沟通是教育成功的关键,我们绝不能被眼前的困难吓倒。事实上,学校拥有的权利和自由比我们想象的多。有很多学校都像格兰奇小学一样,甚至还有比格兰奇小学更革新的学校在为孩子们提供非凡的学习体验,这对孩子、教职工、学校乃至整个社区来说都是巨大的成功。教育未来的蓝图是鼓励学校与社区一起合作,为孩子们提供量身定制的教育。我想借这本书出版的契机,呼吁大家一起参与这场改革的讨论。

我举格兰奇小学这个例子,就是想告诉大家,教育的改革是完全有可能的。我们的一切改革行为都合乎法律,并且没有违反全国统一课程的任何规定和要求。这场改革的成果也是大家有目共睹的。我坚信孩子们一定能在这样的教育环境下茁壮成长并找到适合自己的发展方向。改革固然需要很大的勇气和决心,但为了孩子们的健康成长,我们义不容辞,我们绝不能为了自己一时的舒服和方便而毁了孩子们的未来。不论是教师、学生还是参与改革的企业,都在为一个共同的目标努力着,我们是在书写新的历史,而这将是我们每个人都引以为豪的一项壮举。一个 8 岁的孩子在谈到格兰奇小学的时候是这么说的:"我爱我的学校,我的学校很棒,我为能参与建设我的学校而骄傲自豪。"这句话对我来说就是最高的赞赏。

课程的时间、内容、地点都是固定的,不能随意更改,这是很多学校都有的一个错误认识。事实并非如此。20世纪90年代,教育部就给了学校机会去申请终止全国统一课程的权利,只要学校细致地计划出能比全国统一课程更有效的课程模式。也可以说,只要学校具备相当的创新能力,就可以叫停全国统一课程。创新小组正是为了回应学校的请求以及授予其权限而设立的。在所有递交的申请和计划中,超过90%的申请和计划都缺乏创新力,但在现有的法律之下,学校的任何提议都是完全有可能实现的。

学校要带着自信去改革,带着先辈们的精神不断前进,为学生的未来而努力。我遇到过很多非常有想法的优秀的学校领导者,他们为学校量身定制的改革计划都极富创新性,为了引领学校踏入21世纪而计划的策略也十分有前瞻性,但很多人却因为顾及教育标准局和政府,有了计划也不敢实施。领导者知道改革会给孩子带来积极的影响,但同时摆在眼前的障碍却也使他们不断却步。

既是教育工作者又是家长的我们如果能团结一致,我相信学校一定可以改革成功,只有这样,我们才能无愧于孩子,只有改革了教育,我们才能笑着听孩子们说:"多亏了学校的教育,我们才能找到自己的梦想,才能有实现梦想的机会。"

伊甸园工程(Eden Project)的创始者蒂姆·斯密特(Tim Smite)曾对教师说过这样的话(Smit, 2001):

> 如果我们能致力于将世界变得更加美好,每一天都过得有意义,那么我们就不会因为错过了建设美好家园的机会而感到遗憾和惋惜了。在我看来,教师就像是社会的指南针。我们之所以能将自己和这世上最珍贵的礼物——孩子们——托付给教师,是因为我们相信教师是一种塑造未来的职业,作为人类灵魂的工程师,教师通过激发好奇心和传播正能量让世界变得更加美好。

他的话从某种程度来看是正确的。教师是一份特殊的职业,同时也是极为光荣的职业。然而,教师却因为制度的束缚而不能发挥自己全部的能量来教育孩子们。其实说到底,家长和教师并不是塑造未来的人,孩子们才是未来的主人公。我们能做的就是在孩子们的成长过程中为他们提供一切所需,传授给他们更多的技能和能力,然后将接力棒交接给他们。

　　只要齐心协力,我们一定能成功完成教育改革。如果我们还按兵不动,后悔的只会是我们自己。我们不能再让旧的教育模式蚕食孩子们的未来。作为教育工作者和家长,我们一定要行动起来,让新的教育体制点亮孩子们的世界和未来。我们一定要保证在新的教育体制之下,孩子们能学到新的技能,拥有新的学习体验,让他们能自信地面对未来的挑战。别再恐惧退缩,准备好迎接未知的挑战吧!

参 考 文 献

Burke, C. and Grosvenor, I. (2003), *The School I'd Like*. London: Routledge Falmer.

Carnegie, D. (1939), *How to Win Friends and Influence People*. New York: Simon & Schuster.

Chartered Institute of Educational Assessors (7 December 2008), 'Exams: The Sweet Smell of Success or that Sinking Feeling?'. Press release.

Claxton, G. (2002), *Building Learning Power*. Bristol: TLO Ltd.

Cohen, A. K. (1955), *Delinquent Boys: The Culture of the Gang*. Glencoe: The Free Press.

Department for Education, *Pupil Absence in Schools in England*, Autumn term 2012 and Spring Term 2013, Published 15th October 2013, www.gov.uk

Department for Education Research Report DFE‐RR238, www.gov.uk

Devlin, M. (2006), 'Inequality and the Stereotyping of Young People'. Report for The National Youth Council of Ireland and The Equality Authority. Dublin: The Equality Authority.

Faculty of Arts and Science, University of Toronto (2006). 'LOL, where r u?: TeenTalk in Instant Messaging'. *Ideas: The Arts and Science Review*, vol.3. no.2.

Fletcher, K. M. (2002), 'Guidelines for Knowledge Management from the Phenomenological Literature'. Pac Rim Cross Consulting.

Foster, Russell G. and Lockley, Steven W. (2012), *Sleep: A Very Short Introduction*. Oxford: OUP.

Gardner, H. (1983), *Frames of Mind: The Theory of Multiple Intelligences*. New York: Basic Books.

Gilbert, D. T. (2003), *The Selected Works of Edward E. Jones*. New Jersey: John Wiley & Sons.

Gottfried, J., Smith, A., Rugg, M. and Dolan, R. (2004), 'Remembrance of Odors Past: Human Olfactory Cortex in Cross-Modal Recognition Memory'. *Neuron*, vol.42, 4.

Gratton, L. (2007), *Hot Spots*. Upper Saddle River: Prentice Hall.

Gross, K. (2006), 'Effects of Year 12 Stress on Mental Health'. *Youth Studies Australia*. Australian Clearing House for Youth Studies: University of Tasmania.

Her Majesty's Government (2004), 'Every Child Matters: Change for Children'. DFES-1109-2004.

Hirsh, D. (2009), *Ending Child Poverty in a Changing Economy*. York: Joseph Rowntree Foundation.

Institute for Public Policy (10 December 2007), 'Asbo Culture: Making Kids Criminal'. Press release.

Johnson, S. (2005), *Everything Bad is Good for You*. London: Penguin Books.

Kreitzman, L. and Foster, R. (2004), *The Rhythms of Life: The Biological Clocks that Control the Daily Lives of Every Living Thing*. London: Profile Books.

Mothercare/Save the Children Survey, as reported in *The Daily Mail* August 14th 2013, http://www.dailymail.co.uk/news/article-2392971/Girl-footballers-boy-dancers-What-todayschildren-REALLY-want-grow-up.html#ixzz2tf1QCvkZ

National Advisory Committee on Creative and Cultural Education (1999), 'All Our Futures: Creativity, Culture and Education'. Report to the Secretaries of State for Education, Employment and Culture, Media and Sport.

The National Children's Bureau (2009), 'Media Portrayal of Young People'.

OECD PISA Key Findings 2012, http://www.oecd.org/pisa/keyfindings/pisa-2012-results.htm

OECD (2006), *Schooling for Tomorrow: Personalising Education*. Paris: OECD Publishing.

OECD (2013), OECD Skills Outlook 2013: *First Results from the Survey of Adult Skills* (OECD Publishing), http://skills.oecd.org/skillsoutlook.html

Phi Delta Kappa International (2009), 'Americans Speak Out: Are Educators and Policy Makers Listening? The 41st Phi Delta Kappa/Gallop Poll of the Public Attitudes Towards the Public Schools'. Indiana: Phi Delta Kappa International Inc.

Plester, B., Wood, C. and Joshi, P. (2009), 'Exploring the Relationship between Children's Knowledge of Text Message Abbreviations and Social Literacy Outcomes'. *British Journal of Developmental Psychology*, vol.27, no.1.

Prensky, M. (2001), 'Digital Natives, Digital Immigrants'. *On the Horizon*, vol.9, no.5. Washington: MCB University Press.

Rasmussen, J. (1983), 'Skills, rules, knowledge: Signals, signs, and symbols, and other distinctions in human performance models'. *IEEE Transactions on Systems, Man and Cybernetics*, 13, 257-266.

Roberts, K. (2005), *Lovemarks: The Future beyond Brands*. Brooklyn: Powerhouse Books.

Robinson, K. (2001), *Out of Our Minds: Learning to be Creative*. Oxford: Capstone Publishing Ltd.

Robinson, K. (2009), *The Element: How Finding Your Passion Changes Everything*. New York: Penguin Books.

Rose, J. (2009), 'Independent Review of Primary Curriculum: Final Report'. Department for Children, Schools and Family. DCSF-00499-2009.

Sale. (19 March 2009), 'Passed/Failed: the Life of Duncan Bannetyne, Entrepreneur and Dragon's Den Panellist'. *The Independent*.

Scase, R. (2007). *Global Remix: The Fight for Competitive Advantage*. London: Kogan Page.

Smit, T. (2001), *Eden*. London: Bantam Press.

Smith, A. (2002), *The Brain's Behind It: New Knowledge about the Brain and Learning*. Stafford: Network Educational Press.

Somerset Local Authority, 'Curriculum Planning for Schools': www.six.somerset.gov.uk/sixv3/do_download.asp? did=16781

Strauss, Valerie (2013), 'Ten Regulations to Lessen Academic Burden for Primary School Students' *The Washington Post:* http://www.washingtonpost.com/blogs/answer-sheet/wp/2013/10/30/chinas-10-new-school-reform-rules-reduce-standardized-testing- homework/

Taggart, C. (2008), *I Used to Know That*. London: Michael O'Mara Books Ltd.

Teese, R., Charlton, M. and Polesel, J. (1997), 'Queensland State High School Students: Participation, Achievement, Attitudes and Post-schooling Plans'. Report for the Queensland Department of Education Educational Outcomes Research Unit. Melbourne: University of Melbourne.

Ulicsak, M. and Wright, M. (2010), *Games in Education: Serious Games*. Bristol: Futurelab www.futurelab.org.uk

Welsh, J. (2001), *Straight From the Gut*. New York: Time Warner Books.

WISE Comments Dan Sutch, http://www.wise-qatar.org/content/how-effective-learning-through-social-media

Woodhead, C. (2002), *Class War*. New York: Time Warner Books.

Young Minds, www.youngminds.org.uk/news/news/431_youngminds_warns_of_intolerable_exam_stress

后记　走向未来

> 　　不管我做了什么事，说了什么话，我从来不会后悔；我也从来不会把成绩作为判断学生时代成功与否的标准。我只想尽我所能活出自己的精彩人生，不断挑战自我，用我自己的方式为他人和这个世界作点贡献。只要身边有我所爱，生活中处处充满快乐，大家都信赖我，我就心满意足了。
>
> 　　即使只是茫茫人海中一个渺小的存在，只要对我自身和他人来说，我的存在是有意义的，那也就足够了。对我理想中的教育体系，唯一的要求就是能帮助我做好实现梦想的准备。

　　在21世纪第二个十年的末尾，我们已经进入了一个全球化转变的时期，这个转变彻底刷新了人们的世界观。人类意识到，要想给予后代有意义的遗产，就必须推翻那些旧有的观念和规则。但随着我们逐渐意识到自己无法应对未来的挑战和变化，加上对未来的恐惧，我们变得束手束脚，不管做什么都小心翼翼。

　　从很多方面来看，教育其实就是一个微型的世界。我们都知道教育出了问题，各部门也都在试图从各方面以不同方式来找到解决问题的方法，但我们常常最后还是会照搬前人行之有效的方法来应付问题。然而，自开天辟地以来，人类之所以高于其他物种，难道不是因为我们用自己独有的创造力和不断进化的思想、行为以及生存方法在不断创造和改变这个世界吗？我记得多年前偶然和一个已经退休的世交聊天。他问我的梦想和志向是什么。那个时候，我大概八九岁，我的梦想就是拥有一间有泳池的大房子、一辆法拉利汽车和加入英格兰足球队。他带着那种贤者独有的笑容对我说："理查德，以我的经验来看，拥有越多，欲望也就越多，更重要的是，你拥有越多，会给你带来越多的负担和恐惧，因为你有更多可以失去的东西。"这么多年来，这些话一直影响着我。

但我现在还是想要一间有泳池的房子和法拉利汽车……只可惜，进入英格兰足球队的梦想在 11 月的一天，在我第三次摔进学校操场泥坑的时候破灭了，但我真的懂了那些话的深意。我不确定是不是应该为了过无忧无虑的生活放弃自己的梦想或剥夺别人的梦想，然而，从我的亲身经历来看，有些时候小心谨慎些的确能保护自己。但我从实践中还悟出了另一个道理：如果不去挑战自我，不去孤注一掷，那么就永远不会有进步。

我害怕随着人类的发展，我们在经历了渴求新事物的阶段之后开始变得患得患失。冒险和承担风险的能力是社会发展和人类智力开发的命脉。我们不该再满足于现状，畏缩不前。社会不会自己发展，我们也不可能过上像以前那样无忧无虑的生活。

我相信，比起其他岌岌可危的政府事业，教育的失败可能更加罪不可赦。从政治层面来说，比起期盼那些"老古董"能接受改革和发展，比起探索未来的可能性，我们宁愿继续沿用旧有的方法和制度。

变革每天都在发生，我们的生活也在变得越来越好。从某种角度来说，世界正是在危机中发展起来的，而孩子们比以往更渴望去发展和拥有这个世界，他们渴望新的体验。我坚信美国人民之所以在 2008 年选巴拉克·奥巴马担任美国总统，是源自他们对新生活和新世界的渴望。作为专业的教育工作者和公共事业的一分子，身处教育界的每个人不仅要意识到教育改革的重要性，而且要全身心投入其中。而为了实现这个目标，我们必须从教育之根本——教育的方法开始着手。

当然，嘴上说说固然容易，将理论运用到实际的方方面面就要难得多。教育行业正在衰老，其平静的表面下是腐朽的思想和制度。教师的年龄跨度可以达到三代人，而且每个人对我们正面临的挑战持有的态度也不尽相同。而校长一职也不再是人人艳羡的职位，对大多数人来说，现在校长起到的不过是管理学校的作用，而不再是掌控实权。

为了确保我们能开始迫切需要的教育转型，我们必须做到以下几点。

首先，我们必须清楚地认识到，变革是并且将一直是教育的一部分。如果你期盼的是一份稳定的工作，每天重复一样的内容，日复一日，年复一年，那么教育职业绝不是一个好选择。我有志于此，所以我一定会坚持到领退休金的那一天！不管是现在还是未来的教育，都必将是在不断变化、创新和变革中的，教育是一个冒险与机遇、创新与发展并存的行业。正是由于这种情况，我们更需要吸引合适的人才，然后选取其中具有领导潜质的人着重培养，让他们正确领导整个团队。我们大多数的年轻人都不想做教师，因为他们觉得做教师一点都不酷，但教师应该是一份十分帅气的工作。

其次，我们必须通过建设一种不断自省的文化来为改革奠定基础。格兰奇小学之所以能有如此之大的成就，是因为他们推崇一种多沟通交流、勇于质疑和敢于付诸实践的文化。在转型初期，我们没有一个切实可靠的计划，也看不到什么确切的成效。所以，我们必须不断反省自己才能找到改进的方法。"我们要怎样才能建造一座迪士尼乐园？"为了确保转型工作的顺利开展，我们必须跳出我们的思维定式，不能总害怕面对问题和困难。我们要知道，有时候问题也是一种挑战，也是一次创新的机遇。

最后，我们必须获得一种切实的赋权感，重新认识到教育也是一份职业，从事这份职业的都是有价值、有理想的人才，他们之所以从事教育职业，是因为他们想要为孩子们的人生开一个好头。我们必须意识到教师和那些与孩子们的学习生活密切相关的人是最了解孩子，也是最把孩子放在心上的人，而这些人绝不可能是媒体、公务员或者政治家。在这样一个变革的时代，在我们对自己的人生有着前所未有的掌控权的时候，我们必须好好利用这个机遇，将教育的主动权和孩子们的未来握在手中。

当我写完这本书的时候，我不得不承认我不是一个学者，也不是一个天才，我想读完这本书的读者也发现了这一点。我很尊敬那些发挥自己的才华做好事的人，但我真的觉得未来并不是掌握在那些自以为洞悉一切的人的手中，而是掌握在那些勇于承认自己的弱点，并且凭借自己的勇气、韧劲和创造力去克服弱点的人的手中。事实上，这才是教育转型最初的起始点。我们必须营造一种"教育只不过是为孩子们打开知识的大门"的文化氛围。超现代的学校才能意识到未来永远是未知的，但是这也正是未来能激励人心的原因，我们为孩子们提供的应该是他们需要的并且是他们值得拥有的教育。

理查德·杰弗
2014 年

图书在版编目(CIP)数据

今天创造明天的学校：教育、孩子与他们的未来／
(英)理查德•杰弗著；李春晖译.—2版.—上海：
上海教育出版社,2019.10
ISBN 978-7-5444-9413-7

Ⅰ.①今… Ⅱ.①理… ②李… Ⅲ.①小学教育-教育研究 Ⅳ.①G622.0

中国版本图书馆CIP数据核字(2019)第210225号

Creating Tomorrow's Schools Today: Education • Our Children • Their Future
(Second Edition)
Copyright © Richard Gerver, 2014

This translation is published by arrangement with Bloomsbury Publishing Plc.
All rights reserved. No part of this publication may be reproduced in any form or by any means — graphic, electronic, or mechanical, including photocopying, recording, taping or information storage or retrieval systems — without the prior permission in writing from the publishers.

本书英文原版的翻译已取得Bloomsbury Publishing Plc.的授权。
本书简体中文翻译版由上海教育出版社出版。未经出版者书面许可，不得以任何方式复制或发行本书的任何部分。
版权所有，违者必究。

上海市版权局著作权合同登记号 图字09-2016-628号

责任编辑　廖承琳
封面设计　郑　艺

今天创造明天的学校
教育、孩子与他们的未来(第二版)
[英]理查德•杰弗　著
李春晖　译

出版发行		上海教育出版社有限公司
官　网		www.seph.com.cn
地　址		上海永福路123号
邮　编		200031
印　刷		上海展强印刷有限公司
开　本		965×635　1/16　印张12.25
字　数		150千字
版　次		2019年10月第1版
印　次		2019年10月第1次印刷
书　号		ISBN 978-7-5444-9413-7/G•7772
定　价		39.80元

如发现质量问题，读者可向本社调换　　电话：021-64377165